사랑하는
그대여

하루 세 번, 멈추고 하나님 음성 듣기 60일

# 사랑하는 그대여

지은이 | 임은미
초판 발행 | 2024. 1. 24
3 쇄 발행 | 2024. 5. 7
등록번호 | 제1988-000080호
등록된 곳 | 서울특별시 용산구 서빙고로65길 38
발행처 | 사단법인 두란노서원
영업부 | 2078-3352    FAX | 080-749-3705
출판부 | 2078-3331

책값은 뒤표지에 있습니다.
ISBN 978-89-531-4780-5 03230

독자의 의견을 기다립니다.
tpress@duranno.com    www.duranno.com

두란노서원은 바울 사도가 3차 전도여행 때 에베소에서 성령 받은 제자들을 따로 세워 하나님의 말씀으로 양육
하던 장소입니다. 사도행전 19장 8-20절의 정신에 따라 첫째 목회자를 돕는 사역과 평신도를 훈련시키는 사역,
둘째 세계선교(TIM)와 문서선교(단행본·잡지) 사역, 셋째 예수문화 및 경배와 찬양 사역, 그리고 가정·상담 사역 등을
감당하고 있습니다. 1980년 12월 22일에 창립된 두란노서원은 주님 오실 때까지 이 사역들을 계속할 것입니다.

# 사랑하는
# 그대여

하루 세 번,
멈추고
하나님 음성 듣기
60일

**임은미**
지음

**두란노**

# 차례

추천사　　　　　　　　　6

Prologue　　　　　　　10

01 따뜻한 사랑　　　14
02 믿음의 새날　　　17
03 새 피조물　　　　20
04 여호와의 선하심　23
05 앙망함　　　　　　26
06 가장 큰 필요　　　29
07 중보자　　　　　　32
08 고백　　　　　　　35
09 선택　　　　　　　38
10 분별　　　　　　　41
11 문제　　　　　　　44
12 위로　　　　　　　47
13 베푸심　　　　　　50
14 태도　　　　　　　53
15 있는 그대로　　　56

16 버릴 것　　　　　59
17 깨끗한 그릇　　　62
18 훈련 시간　　　　65
19 돕는 사람　　　　68
20 참된 의　　　　　71
21 성숙함　　　　　　74
22 복음의 통로　　　77
23 곤고할 때　　　　80
24 한 구절이라도　　83
25 목표　　　　　　　86
26 진정한 친구　　　89
27 고난의 쓸모　　　92
28 오늘 할 일　　　95
29 돌아보기　　　　　98
30 기도의 방향　　　101

31 걱정 대신 기도 104

32 기쁨의 근원 107

33 하나님의 뜻 110

34 기대 113

35 통로 116

36 주목 119

37 내려놓기 122

38 소유 125

39 신뢰 128

40 맡겨 드림 131

41 주관자 134

42 영적 자산 137

43 지혜 140

44 특권 143

45 마음 지키기 146

46 경건의 연단 149

47 완전한 은혜 152

48 회복 155

49 동행 158

50 존재 161

51 용기 164

52 주님의 질서 167

53 능력 170

54 보내심 173

55 오히려 176

56 결심 179

57 열매 맺기 182

58 하늘 문 185

59 옳은 행실 188

60 완주 191

Epilogue 194

책을 읽는다는 것은 낯선 곳을 여행하는 것과 같습니다. 여행에 관한 조언들은 많이 있지만, 여행을 가야 할 이유와 어떻게 하는지에 관한 이야기를 듣기는 쉽지 않습니다. 이 책은 "나는 제대로 살고 있는가?"를 고민하는 사람들에게 꼭 필요한 지침들을 저자의 삶의 흔적을 통해 제공합니다. 글은 쓰는 이의 삶을 반영합니다. 오랫동안 묵상을 통해 하나님과 동행한 저자의 삶이 문장 하나하나에 담겨 있습니다. 화려하지 않고 과장되지 않은 저자의 진솔한 필체가 묵직한 울림으로 다가옵니다.

**라영환 교수** 총신대학교, 《반 고흐, 꿈을 그리다》 저자

코스타의 수많은 강사님들 중에서 유일하게 제가 '누님'이라고 부르는 분입니다. 닮고 싶은 모습이 너무 많아서 선후배 관계로만 하기에는 아쉽기 때문입니다. 때때로 강단 위에서 강사가 실천하지 못한 것과 제대로 깨닫지 못한 것을 전할 때도 있습니다. 하지만 임은미 선교사님은 강단 위에서와 강단 아래에서 그 신앙과 삶의 태도가 한결같을 뿐만 아니라 한결같기 위해 하나님과 사람 앞에서 최선을 다하는 그리스도인입니다. 이 책은 "어떻게 그럴 수가 있을까" 하는 질문에 답을 하고 있기에 모두가 손에 들어야 할 책입니다.

**유임근 목사** KOSTA 국제본부 총무

임은미 선교사님을 만나면 마음이 시원해집니다. 가슴이 따듯해집니다. 심장이 뜨거워집니다. 이유는 간단합니다. 하나님의 불을 품고 살기 때문입니다. 이 책에는 지난 30년을 불꽃처럼 살아내게 했던 비밀이 담겨 있습니다. 이 책을 통해 하나님의 음성을 듣게 될 것입니다. 아버지의 마음이 느껴질 것입니다. 은혜의 기름 부음을 경험하고, 영적인 열정이 회복되고, 삶의 활기를 되찾을 것입니다.

**장재기 목사** 《따라 하는 기도》 저자

존경하고 사랑하는 선교사님을 통해 하나님께서 주시는 메시지는 아침에 읽으면 살아갈 용기가 생기고, 밤에 읽으면 새로운 내일을 소망하게 합니다. 오랜 세월 간증의 삶 가운데 해석되는 그 놀라운 은혜에 잇대어 "그대여!" 하며 하늘의 동역자로 초청하시는 하나님께서 선교사님의 귀한 저서를 통하여 또 하루를 격려받는 순간순간을 선물해 주실 것입니다.

**지선 전도사** 찬양 사역자

아내와 연애 시절에 공원을 걸었던 기억이 있다. 누군가 내게 "제일 행복했던 여행이 언제였나요?"라고 묻는다면 난 그 공원을 걷던 시간을 이야기할 것 같다. 사랑하는 사람과 함께하는 시간이 최고의 여행이다. 이 책은 우리의 매일을 하나님과 함께하는 최고의 여행으로 만드는 비법을 알려 주는 책이다. 행복하게 살고 싶은 모두가 이 책을 봤으면 좋겠다. 가장 뜨겁게 사랑할 때 우리는 행복하다. 그리고 사랑하는 사람과 함께할 때 우리는 그 행복을 깊게 누릴 수 있다. 이 책은 우리의 일상을 하나님과 함께하는 가장 행복하고 아름다운 데이트로 만들게 돕는 행복 지침서다.

**하준파파 인플루언서** 황태환 에이치유지 대표

## 이 책을 읽기 전에 "하나님 음성 듣기 습관" 가이드

**1** 하루에 세 번, 시간을 정하여 알람을 맞추어 놓는다.

**2** 알람이 울리면 순서대로 글을 읽는다.

**3** 글을 읽은 후 '음성 듣기'를 기록하고 짧게 기도한다.

**4** 기도가 끝나면 '음성 듣기' 아래의 체크 칸에 표시한다.

**5** 밤 시간에는 정해 둔 장소에서 글을 읽고,
    하루를 돌아보며 감사 기도로 하루를 마감한다.

**6** 소그룹 혹은 가족들과 하루에 한 번 묵상 글을 공유한다.

**7** 60일 동안 완주할 수 있도록 묵상 그룹과 서로 격려한다.

**8** 완주하면 60일간의 한 줄 기록을 한 장에 정리하여
    영적 유산으로 남긴다.

**9** 2회차 60일 습관을 시작한다.

\* 가이드대로 다 못한다 해도 자신에게 맞는 규칙을 정하여 스스로 습관을 만들어 보라.

사랑하는 그대여

사랑하는 그대여!
여기에서 '그대'라는 말은 "그리스도의 대사"의 줄임말입니다.
저는 지난 29년간 매일같이 묵상을 글로 쓰는 습관을 지켜 왔
습니다. 제 묵상의 제목은 "오늘도 그대의 최고의 날입니다!"입
니다.

약 5년 전부터는 매일 글로 적는 묵상을 녹음하기 시작했습니
다. 녹음하면서 제가 적은 묵상의 마지막 부분이 끝날 때 묵상
에는 적지 않은 "사랑하는 그대여!"라는 말과 함께 미니 설교(?)
를 시작했습니다. 그렇게 "사랑하는 그대여!"라는 음성을 듣고
하루를 시작하시는 많은 분들이 그 '부름'으로 하루를 살아가는
힘과 용기와 필요한 위로를 얻었다고 알려 주셔서 이번에 "사랑
하는 그대여"라는 제목으로 책을 쓰게 되었습니다.

"사랑하는 그대여! 사랑하는 그대여!" 이 말은 억만 번 더 들어
도 기분이 좋고, 들으면 들을수록 더더욱 힘이 됩니다. "사랑하
는 내 딸아! 사랑하는 내 아들아! 나는 오늘도 너와 동행하고 있
단다. 내 이름은 "임마누엘"(하나님이 함께하심)이라는 것을 잊지
말아 주렴!"

'하나님의 사랑의 음성을 전하는 통로'로 우리 모든 그리스도인
들이 쓰임받기를 기도합니다. 쓰임받는 한 방법으로 다니엘처
럼 하루에 세 번 하나님께로 생각을 돌리고 시선을 고정하는 것

을 훈련하면 어떨까 하여 이 책을 통해 그 방법을 제시하고자 합니다. 횟수는 많으면 많을수록 좋겠지요.

하루에 세 번 기도하는 '영적 습관'은 기독교의 오랜 전통을 통해서도 많은 분들이 알고 있습니다. 하루에 세 번 시선을 하나님께 돌리기만 해도 하나님이 뜻하시는 삶을 넉넉히 살 수 있다고 저는 믿습니다. 이러한 '경건 습관'이 형성되면 인생의 많은 문제의 답을 얻게 될 것입니다.

매일 기도할 때마다, 매 순간 제게 말씀하시는 하나님은 그야말로 '사랑'이십니다. 마음 무겁게 일어나는 아침에도, 이런저런 스트레스로 머리가 과열된 오후에도, 내일에 대한 걱정 근심으로 잠 못 이루는 밤에도 그분은 우리에게 '사랑과 평안'을 주길 원하십니다. 그러한 하나님의 마음을 부족한 글이지만 전해 드리고 싶었습니다. 우리가 그분의 음성을 듣고자 한다면 하나님은 하루에도 수없이 그대에게 당신의 음성을 들려주실 것입니다.

습관이 형성되는 데는 최소 60일 이상 걸리는 것을 알고 있습니다. 사랑하는 그대여! 60일 동안 하루에 세 번, 이 글들을 읽으면서 하나님께 시간을 내어 드리는 것이 어떨까요? 하루에 세 번, 시간을 정해 놓고 우리 하나님께 나아가요. 하나님의 음성을 듣고, 우리의 마음을 내어 드려요. 우리의 영혼과 현실을 만지실 하나님의 '통치하심'을 확신합니다. 60일, '하루 세 번, 멈춤의 선택'이 우리를 그리스도의 '착하고 충성된 대사'로 만들어 줄 것입니다.

사랑하는 그대여, 사랑합니다! 축복합니다! 오늘도 그대의 최고의 날입니다! 제가 체험한 많은 '하나님의 음성' 중 한 부분을 공유하며 이 글을 마치고자 합니다.

"사랑하는 내 딸 유니스야!(유니스는 제 영어 이름). 너의 어깨에 짐이 많이 있어 무거워 보이는구나. 그러나 그것은 너의 짐이 아니라 나에게 맡겨야 한다는 걸 너는 알고 있지? 너는 너의 짐이라고 생각하는 삶의 영역들을 나에게 맡기면서 '신뢰'를 배워 가는 것이란다.

아무것도 염려하지 말렴! 네가 할 일은 나를 '믿는 것'이란다! 너는 나를 믿니? 내가 '전지전능한 하나님'이라는 것을 믿니? 너는 내가 하는 일들을 목도하게 될 거야. 그리고 너는 다른 사람들에게 '하나님께서 하셨습니다!'라고 말하게 될 거야. 나는 그 말을 듣기 원한단다. 네가 할 수 있는 일이 아무것도 없다고 생각하는 그 시간이 바로 내가 '나의 일'을 하는 시간이란다.

나의 사랑하는 딸 유니스야! 너의 짐을 나에게 맡겨 주렴. 그리고 너는 내 안에서 쉼을 얻으면 된단다. '수고하고 무거운 짐 진

자들아 다 내게로 오라'라고 한 나의 말을 기억하렴. 나는 너를 사랑하고, 너와 매일같이 동행하는 것을 기뻐하는 여호와 하나님이란다."

2024년 1월 임은미 선교사

# 01 | 따뜻한 사랑

사랑하는 그대여!

매일 아침 하나님의 따뜻한 음성을 듣는 이 시간이 얼마나 소중한지요. 우리는 하나님의 이름을 부르고 그분의 사랑을 느끼며 하루를 시작할 수 있습니다. 하나님은 살아 계신 분입니다. 살아 계시다 함은 그분은 그대에게 말을 하실 수 있는 분이라는 것이지요. 하나님은 그대에게 당신의 음성을 들려주길 원하시는 분이랍니다. 혹시 그대가 소리 내어 기도할 힘이 없다면 말씀을 읽고, 가만히 귀 기울여 보세요. "하나님이 우리를 사랑하시는 사랑을 우리가 알고 믿었노니 하나님은 사랑이시라 사랑 안에 거하는 자는 하나님 안에 거하고 하나님도 그의 안에 거하시느니라"(요일 4:16).

하나님은 오늘 그대에게 이렇게 말씀하십니다. "사랑하는 내 딸아! 사랑하는 내 아들아! 너를 향한 내 생각을 너는 알고 있니? 너는 소중하고 존귀한 존재야. 너를 향한 나의 계획은 바닷가의 모래알보다도 많으니 네가 아무리 세어 보려고 해도 셀 수가 없을 정도란다. 나는 오늘도 네 곁에 있단다. 가만히 귀 기울여 보렴. 그리고 잊지 말아 주겠니? 나는 너에게 내 음성을 들려주기 원하는 하나님이라는 것을!"

음성 듣기 _____

사랑하는 그대여! 오늘 그대가 겪는 어려움은 헛된 것이 아닙니다. 마침내 "순금같이" 나오게 하려고 주님이 허락하신 일입니다. "나의 가는 길을 그가 아시나니 그가 나를 단련하신 후에는 내가 순금같이 되어 나오리라"(욥 23:10). 날마다 담금질이 반복되다 보니 대체 언제 끝나나 싶겠지만, 그대의 가는 길은 오직 하나님만이 아시지요.

순금같이 나오는 과정은 누구에게나 똑같습니다. 두들겨 맞다가 좀 괜찮다 싶으면 또 두들겨 맞고, 괜찮아졌다가 또 맞기를 반복합니다. 한 번에 끝나는 일이 없습니다. 하나님은 그대가 순금같이 나올 때까지 오늘도 신실하고 성실하게 담금질을 계속하십니다. 그 덕분에 그대는 어제보다 오늘 더 정결해질 것입니다. 사랑하는 그대여! 하나님이 간섭하시는 오늘이 인생에서 얼마나 멋진 날입니까? 할렐루야!

음성 듣기

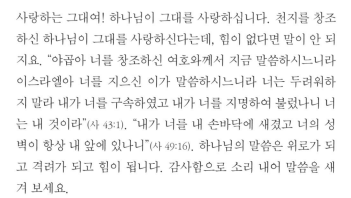

사랑하는 그대여! 하나님이 그대를 사랑하십니다. 천지를 창조하신 하나님이 그대를 사랑하신다는데, 힘이 없다면 말이 안 되지요. "야곱아 너를 창조하신 여호와께서 지금 말씀하시느니라 이스라엘아 너를 지으신 이가 말씀하시느니라 너는 두려워하지 말라 내가 너를 구속하였고 내가 너를 지명하여 불렀나니 너는 내 것이라"(사 43:1). "내가 너를 내 손바닥에 새겼고 너의 성벽이 항상 내 앞에 있나니"(사 49:16). 하나님의 말씀은 위로가 되고 격려가 되고 힘이 됩니다. 감사함으로 소리 내어 말씀을 새겨 보세요.

사랑하는 그대여! 하나님과 동행한 그대의 오늘은 절대로 실패하지 않았습니다. 그러니 실패감이나 상실감에 빠져들지 마세요. 하나님 안에서는 실패란 없습니다. 그 누구도 실패하지 않습니다. 성숙해 가는 과정이 있을 뿐입니다.
하나님은 날마다 그대를 성숙의 길로 인도하십니다. 실패처럼 보이는 과정은 예수 그리스도의 장성한 분량까지 자라게 하려고 허락하시는 성숙의 과정입니다. 그러니 실패를 경험할 수는 있어도 실패를 안고 살아가서는 안 됩니다. 그대를 향한 하나님의 뜻은 세상의 성공이 아닌 영혼의 성숙에 있음을 명심하세요.

음성 듣기

Check

# 02 | 믿음의 새날

매일 뜨던 해가 뜨지 않는다면, 그것은 지구에 멸망이 왔다는 뜻이겠죠. 반대로 해가 계속 뜬다는 것은 멸망이 아직 임하지 않았다는 뜻일 것입니다. "여호와 하나님은 해요 방패이시라 여호와께서 은혜와 영화를 주시며 정직하게 행하는 자에게 좋은 것을 아끼지 아니하실 것임이니이다"(시 84:11).

오늘도 변함없이 뜨는 "해"는 곧 하나님의 살아 계심과 사랑하심의 증거입니다. 하루해는 하나님을 안 믿는 사람에게 주어지는 믿음의 기회이고, 하나님을 믿다가 돌아선 사람이 돌아올 기회이며 하나님을 배반하고 패역한 짓을 일삼던 사람이라도 하나님께 다시 나아올 기회가 되기 때문입니다. 이처럼 하나님은 그대를 향한 소망을 놓지 않으시고, 그대에게 다시 한 번의 기회(second chance)를 주시는 분입니다. 그대에게 새날을 주시는 분입니다.

사랑하는 그대여! 하나님은 절대로 그대를 포기하지 않으세요. 그러니 뒤로 물러나지 말고, 믿음의 전진을 하길 바랍니다. 하나님께 그대의 행군을 맡기고, "주님, 저를 도와주세요. 저와 함께 행진하시는 하나님의 손길을 느끼게 해 주세요"라고 기도하세요. 오늘도 믿음의 행진을 하는 그대가 되길 바랍니다.

음성 듣기

사랑하는 그대여! 인생에 광풍이 불어닥칠 때, 두렵지 않은 사람이 있을까요? 그 대상이나 정도는 다를지 몰라도 두려움을 느끼지 않을 사람은 아무도 없을 것입니다. 즉 두려움은 모든 인생의 공통분모인 것입니다. 그대의 두려움은 무엇입니까? 그것이 무엇이건 그대는 이미 알고 있습니다. 예수님이 배 안에 계시는 걸 알잖아요. 그죠? 광풍에 놀란 사람들이 어쩔 줄 몰라 뛰어다녀도 예수님이 계시니 괜찮습니다. 무심하게 주무시고 계셔도 괜찮습니다. 잠드신 예수님을 깨우면 되니까요.

"주님, 보시옵소서. 광풍입니다. 바람입니다. 파도입니다. 우리가 죽겠나이다." 비록 제자들은 예수님께 "너희 믿음이 어디 있느냐"(눅 8:25) 하고 꾸지람을 들었지만, 결국 두려움에서 건짐을 받았습니다. 이것이 핵심입니다. 칭찬받을 만한 일을 해야만 하나님의 도우심을 받을 수 있는 건 아닙니다.
사랑하는 그대여! 설령 칭찬받지 못하고, 심지어 꾸지람을 들을지라도 하나님은 그대를 도우시고, 그대와 늘 함께하십니다. 이것을 믿으십시오. 이 믿음이 그대에게 용기를 줄 것입니다.

음성 듣기 _____

사랑하는 그대여! 그대의 삶 전체를 하나님이 예비해 두셨다는 것을 알고 있나요? 그대는 하나님의 완전한 계획 안에 있습니다. 그 계획의 가장 큰 부분은 그대가 다른 사람들에게 '구원의 통로', '복음의 통로'가 되는 것이지요.

마귀가 끊임없이 방해할 테지만, 걱정하지 마세요. 마귀는 창의력이 없어요. 그래서 하는 짓이 항상 똑같습니다. 도둑질하거나 이간질하거나 망하게 합니다. 그런데 하나님이 우리를 사용하시는 방법은 늘 새롭습니다. 창의력이 어마어마하십니다. 마귀는 도저히 따라잡을 수가 없지요.

사랑하는 그대여! 억울하고 답답한 일이 있나요? 남몰래 참아야 하는 고통이 있나요? 하나님은 그것들조차 창의적으로 사용하시는 분입니다. 그대의 삶이 하나님의 손에 올려지면, 하나님이 그대의 억울함과 답답함과 남모를 고통을 누군가에게 위로가 되는 '복음의 통로'로 바꾸어 주십니다. 그 통로를 통해 뭇사람을 영생으로 인도해 주실 것입니다. 그러니 힘내십시오. 밤새 새 힘을 얻기를 축복합니다.

음성 듣기

# 03 | 새 피조물

어느 날, '나는 왜 그 흔한 인맥도 하나 없냐?', '우리 집은 왜 이 모양이지?', '내 배경은 왜 이것밖에 안 될까?' 하는 생각이 들 때, 읽으면 너무나 좋은 말씀이 있습니다. "그런즉 누구든지 그리스도 안에 있으면 새로운 피조물이라 이전 것은 지나갔으니 보라 새것이 되었도다"(고후 5:17).

누구는 금수저요 누구는 은수저라더라 하는 이야기를 듣다 보면 나도 모르게 자기 연민에 빠지게 되지요. "새로운 피조물"은 무슨 수저일까요? 왕의 가문에서 태어난 왕수저! 저는 특별히 '하수저'임을 자랑하는데요. '하나님의 자녀 된 수저'라고나 할까요. 그대의 "이전 것"이 흙수저였으면 어때요? 보세요. 이전 것은 지나갔고, 그대는 "새것"이 되었잖아요!

그대의 아버지는 천지를 창조하신 하나님입니다. 육신의 아버지도 자식에게 해로운 것을 주지 않고, 사랑하는 아들딸의 필요를 채워 주려 노력하는데, 하물며 하나님 아버지께서 그대의 필요를 모른 척하시겠습니까? 그대를 위해 천사들을 보내 주실 것입니다. 그것이 영적이든 육적이든 혼적이든 또는 관계적이든 상관없이 그대의 필요를 채워 주실 것입니다. 할렐루야! 사랑하는 그대여! 부디 힘내기를, 믿음을 가지길, 감사로 하루를 시작하길….

음성 듣기

사랑하는 그대여!

"사랑하는 내 딸아, 사랑하는 내 아들아" 하시는 주님의 음성을 들으면 기분이 좋지요. 그런데 기분이 좋은 데서 그치지 않고, 기쁨이 솟아나면 좋겠습니다.

예수님이 물로 세례를 받으시자 하늘에서 "이는 내 사랑하는 아들이요 내 기뻐하는 자라"(마 3:17)라고 하시는 소리가 들려왔잖아요. 그처럼 하나님이 그대 안에 계신 예수님을 보고 기뻐하실 것입니다. 그대 마음속에, 그대의 삶 가운데 예수님이 계시는데, 하나님이 보시고 기뻐하지 않으실 리가 없지요.

그러니 마귀가 어떤 식으로 참소하든지 간에 마귀한테 "그 입을 다물라! 조용히 해! 나는 하나님이 기뻐하시는 자녀야. 하나님의 기쁨을 입은 자녀야"라고 선포하십시오. 그대는 누가 뭐래도 하나님의 사랑하시는 자녀요 기뻐하시는 자녀입니다.

사랑하는 그대여! 잊지 마세요. 그대 안에 예수님이 계시니 그대는 사랑받기에 합당하고 합당합니다.

음성 듣기

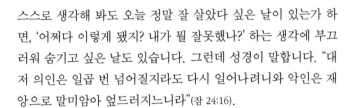

스스로 생각해 봐도 오늘 정말 잘 살았다 싶은 날이 있는가 하면, '어쩌다 이렇게 됐지? 내가 뭘 잘못했나?' 하는 생각에 부끄러워 숨기고 싶은 날도 있습니다. 그런데 성경이 말합니다. "대저 의인은 일곱 번 넘어질지라도 다시 일어나려니와 악인은 재앙으로 말미암아 엎드러지느니라"(잠 24:16).

사실 한 번도 넘어져 본 적이 없는 사람은 의인이 아닙니다. 의인이라면 넘어져 봐야죠. 왜냐하면 의인이냐 아니냐는 넘어졌을 때 다시 일어나느냐 못 일어나느냐에 달려 있기 때문입니다. 즉 '다시 일어나는 것'이 바로 의인의 특징인 것입니다.

사랑하는 그대여! 그대가 넘어져 있어도 하나님이 함께하시고, 그대가 승승장구하여도 하나님은 늘 함께하십니다. 그대가 뒷걸음을 치든 앞만 보고 달리든 하나님은 언제나 그대와 함께하십니다. 이것이 축복입니다. 그리고 이것을 깨닫는 것이 은혜입니다.

음성 듣기

# 04 | 여호와의 선하심

사랑하는 그대여! 성경은 "너희는 여호와의 선하심을 맛보아 알지어다"(시 34:8)라고 말합니다. 맛있는 음식을 먹을 때, 줄어드는 게 아쉬워서 조금씩 아껴 먹곤 하잖아요. 그런데 하나님의 선하심은 아무리 맛보아도 줄어들 염려가 없답니다. 하나님의 선하심과 공평하심과 정의로우심과 베푸심은 충분하여 언제나 넉넉합니다.

호세아서를 묵상한 적이 있나요? 읽을 때마다 '아, 하나님이 이토록 우리를 사랑하시는데 우리는 하나님의 사랑을 얼마나 알고 있을까?' 하는 마음에 울컥해진답니다.
그래서 성경이 우리에게 하나님 사랑의 "그 너비와 길이와 높이와 깊이가 어떠함을 깨달아"(엡 3:19) "힘써 여호와를"(호 6:3) 알라고 명령하는가 봅니다. 힘써 여호와를 알아 갈 날이 우리 앞에 아직 많이 남아 있으니 얼마나 다행인가요? 여호와의 선하심을 맛보고, 힘써 여호와를 알아 가는 하루가 되기를 축복합니다.

음성 듣기

사랑하는 그대여! 이 순간도 여호와 하나님이 그대와 함께하심을 믿길 바랍니다. 하나님이 말씀하십니다. "너는 단 한 순간도 혼자였던 적이 없단다. 단 1분, 단 1초도 절대로"(Never, never, never, never that you walk Alone!).

그대가 곤란한 상황에서 쉽사리 벗어나지 못하고 있을 때, '왜 하나님은 나를 일으켜 세워 주시지 않나?' 하는 생각이 들 수 있어요. 그럴 때는 이렇게 생각해 보세요. 어린아이가 뛰어가다가 넘어지면, 엄마 아빠가 어떻게 하지요? 바로 달려가서 일으켜 세워 주기도 하지만, 혼자 힘으로 일어설 때까지 지켜봐 주기도 하잖아요. 하나님이 그대를 당장 일으켜 세워 주시지 않는다고 해서 함께하시지 않는다는 뜻은 절대로 아니라는 거죠. 때로는 넘어짐을 허락하시고, 그대 스스로 일어날 때까지 지켜보기도 하십니다.

사랑하는 그대여! 하나님의 사랑을 신뢰하길 바랍니다. 하나님 안에서 날마다 성숙해 간다는 것은 그만큼 하나님을 향한 신뢰가 날로 깊어진다는 뜻이지요. 환경이 전혀 바뀌지 않아도, 하나님을 신뢰하는 마음은 날이 갈수록 더욱 높아지고 더욱 깊어지고 더욱 넓어질 수 있습니다. 이것이 바로 성숙입니다. 아침보다 더 성숙해지는 오후가 되길 축복합니다.

음성 듣기

사랑하는 그대여! 오늘도 하나님은 그대를 사랑하십니다. 억만 번 더 들어도 기분 좋은 말이지요. 그대가 오늘 하루 얼마나 고단했는지 하나님이 아십니다. 패이고 꺾여서 당장은 쓰러질 것 같아도 하나님은 그대를 '이기는 자'의 자리에 세워 주실 것입니다. 하나님과 함께 싸운다면 패배할 리가 없습니다. 하나님은 처음부터 끝까지 '승자'이시기 때문입니다.

성경은 "어린 양은 만주의 주시요 만왕의 왕이시므로 그들을 이기실 터이요 또 그와 함께 있는 자들 곧 부르심을 받고 택하심을 받은 진실한 자들도 이기리로다"(계 17:14)라고 말합니다. 이것은 진실한 자가 승리하리라는 약속의 말씀입니다.

사실, 이기느냐 지느냐보다 더 중요한 것은 자신이 진실한가 진실하지 않은가입니다. 스스로 부끄럽지 않고 진실하게 살고 있다면 걱정할 필요 없습니다. 하나님이 반드시 그대에게 '이기는 자'의 자리를 허락해 주실 테니까요.

음성 듣기 _____

# 05 | 앙망함

사랑하는 그대여! 요즘 마음대로 되는 일이 없고, 하는 일마다 잘 안되나요? 괜히 몸이 여기저기 아픈가요? 돌아봐서 자책할 것이 없다면, 걱정하지 말고 변장한 축복이 내 앞에 와 있구나 하고 생각하세요. 그러나 돌아봐서 마음에 걸리는 것이 있다면, 즉 누구를 속였거나 누구한테 상처를 주었던 일이 있다면, 하나님이 고난을 통해 나를 부르고 계시는구나 하고 깨닫기를 바랍니다. 하나님은 그대 삶에 간섭하실 만큼 그대를 사랑하시고, 그대와 매일 동행하기를 원하십니다.

"오직 여호와를 앙망하는 자는 새 힘을 얻으리니 독수리가 날개 치며 올라감같을 것이요 달음박질하여도 곤비하지 아니하겠고 걸어가도 피곤하지 아니하리로다"(사 40:31). 하나님은 지친 그대를 도우시는 분입니다. 기꺼이 새 힘을 주시는 분입니다. 그런데 잘 모르겠다고요? 영 느껴지지 않는다고요? 이것은 느낌의 문제가 아니라 믿음의 문제입니다. 그러니 믿어야 합니다.

사랑하는 그대여! 오늘 하루 다른 누구도, 다른 무엇도 아닌 오직 여호와만을 앙망해 보면 어떨까요? 새 힘을 얻고, 날개 치며 올라가는 복된 하루를 살길 축복합니다.

음성 듣기 _____

사랑하는 그대여! 하나님을 믿는다고 해서 모든 일이 다 잘 풀리는 것은 아닙니다. 그럼에도 무슨 일을 만나든지 "하나님은 선하시다"(God is good)를 고백하며 끝까지 하나님을 신뢰하는 것이 믿음입니다. 선하신 하나님이 그대와 항상 함께하시고, 모든 어려움에서 그대를 인도하여 건지시며 그대가 성장하게끔 옆에서 도와주신다는 믿음, 그대에게는 이런 믿음이 필요합니다.

사랑하는 그대여! 하나님을 불신하게 만드는 모든 악한 생각, 악한 속임수, 악한 속삭임을 물리치세요. 어떻게? '대적 기도'로 말입니다. "나사렛 예수 그리스도의 이름으로 명령하노니 하나님을 믿지 못하게 하는 불신의 영은 떠나갈지어다. 하나님에게서 멀어지게 하는 부정적인 생각은 모두 떠나갈지어다."
사랑하는 그대는 하나님의 귀한 백성입니다. 오늘도 주님이 그대에게 새 힘과 새 지혜를 주십니다. 감사와 소망과 기쁨으로 하나님과 동행하는 오후 되기를 축복합니다.

음성 듣기

사랑하는 그대여! 예수님은 무덤에 계시지 않고, 사망 권세를 이기고 부활하신 주님입니다. 십자가에 계속 매달려 계시지 않고, 무덤에서 다시 사셨습니다. 예수 믿는 사람한테 십자가는 믿음의 핵심입니다. 그러나 십자가 신앙에만 머물러 있어서는 안 됩니다. 부활의 예수님을 꼭 기억해야 합니다.

부활의 주님이 계시기에 우리가 이 땅에서 하는 모든 수고가 헛되지 않습니다. "그러므로 내 사랑하는 형제들아 견실하며 흔들리지 말고 항상 주의 일에 더욱 힘쓰는 자들이 되라 이는 너희 수고가 주 안에서 헛되지 않은 줄 앎이라"(고전 15:58).
부활의 주님을 기억하라는 것은 하나님의 일에 더욱더 힘쓰는 자가 되라는 당부입니다. 그러니 혹시 오늘 실망하거나 상처받은 일이 있다면, 그것 때문에 하나님에게서 멀어졌다면, 부활의 주님을 기억하고 섬김의 자리로 돌아오기를 바랍니다. 그곳에 회복이 있습니다. 주의 일에 힘쓰는 자의 수고는 절대 헛되지 않습니다. 부활 때에 상을 주시는 하나님입니다.

음성 듣기

# 06 | 가장 큰 필요

사람에게는 늘 이런저런 필요가 있기 마련이지만, 가장 큰 필요는 '이 땅에 태어난 이유를 아는 것'이 아닐까요? 어떤 무속인이 회개하고 주님을 영접했는데, 사연인즉 "그대는 하나님께 사랑받기 위해 태어난 사람입니다"라는 말을 들었기 때문이라고 하더라고요. 놀랍죠? 맞습니다. 우리가 이 땅에 태어난 이유가 무엇입니까? "하나님께 사랑받기 위해서"입니다. 결국 사람의 가장 큰 필요는 하나님의 사랑인 것이죠. 이것을 알고 기억하십시오.

사랑하는 그대여! 어떻게 하면 내 이웃의 가장 큰 필요를 채워 줄 수 있을까요? 어떻게 하면 그가 '아, 나는 사랑받고 있구나. 하나님이 나를 사랑하시는구나' 하고 깨닫게 할 수 있을까요? 그 방법을 찾는 것은 우리 몫이 아닐까요? 오늘 그대의 하루가 그 방법을 찾는 멋진 하루가 되길 바랍니다.
거룩한 고민에 빠질 그대를 축복합니다. 잊지 마세요. 그대는 사랑받기 위해 태어난 사람입니다. 하나님이 그대를 사랑하십니다.

음성 듣기

사랑하는 그대여! 그대 마음속에 우울함, 패배감, 좌절감, 허무감, 무기력 같은 것이 밀려온다고 해도, 그것들은 하나님으로부터 온 것이 아닙니다. 하나님은 그대를 "나의 사랑하는 딸, 나의 사랑하는 아들"이라 부르시는 분입니다. 그대에게는 하나님의 DNA가 있다는 뜻이지요.

하나님의 DNA는 밝음, 승리감, 자신감, 충만감, 활력 등 긍정적인 것들입니다. 무엇보다 믿음과 사랑과 소망입니다. 그대가 여전히 기대하고 소망한다는 것은 그대에게 하나님의 DNA가 있다는 증거입니다.

사랑하는 그대여! 사방으로 욱여쌈을 당하여도 하나님은 하나님의 방법으로 하늘 문을 열어 주실 것입니다. 그러니 포기하지 마세요. "나의 사랑하는 OOO야" 하고 부르시는 하나님의 음성에 귀 기울이세요.

음성 듣기

사랑하는 그대여! 하나님을 알아 가는 지식은 정말로 놀랍습니다. 하나님을 알아 가는 만큼 무엇을 소유해야 하는지가 달라집니다. 시편 기자는 "내 소유는 이것이니 곧 주의 법도들을 지킨 것이니이다"(시 119:56)라고 고백했습니다. 그대가 주의 법도를 지키는 것, 즉 순종하는 것이 그대의 소유가 된다는 뜻이지요. 그런데 그 소유는 이 땅의 것이 아니라 하늘나라에서 영원히 누릴 부요함이라는 것입니다.

우리가 땅에서 누리는 "소유"가 풍성할 때 든든함을 느끼게 된다면 우리가 순종함으로 말미암아 갖게 되는 '하늘나라의 소유'는 더더욱 우리에게 '든든함'을 갖게 해 주겠지요?
오늘 우리가 지켜 행할 법도가 내게 주어졌음이 얼마나 복된 일인지요! 오늘도 그대의 순종으로 말미암아 그대의 하늘 소유가 더더욱 풍성해질 것을 축복합니다.

음성 듣기 _____

# 07 | 중보자

내가 집에서 혼자 하나님을 믿는 사람이라면 기도를 많이 해 주는 부모님을 가진 사람들이 부러운 적 있나요? '누군가 나를 위해 매일같이 기도해 주는 사람이 있다면, 나의 하루가 조금은 덜 힘들 텐데'라는 생각을 해 본 적 있나요? 오늘도 누군가가 그대를 위해 기도하고 있습니다.

우리의 중보자, 예수 그리스도께서 그대를 위해 기도하고 계십니다. "하나님은 한 분이시요 또 하나님과 사람 사이에 중보자도 한 분이시니 곧 사람이신 그리스도 예수라"(딤전 2:5). 하나님이 그대에게 죄를 묻고 벌하려고 하셨다가도 돌이키시는 일이 생길 것입니다. 예수님이 그대를 위해 기도해 주시기 때문이지요. 오늘도 예수님이 그대를 위해 기도해 주시기 때문에 그대는 새 힘을 얻게 될 것입니다!

예수님이 그대의 어려운 사정을 다 아시고, 그대가 결정해야 할 중요한 일에 관해 다 알고 계십니다. 예수님이 그대를 위해 중보하고 계십니다. 그러니 힘내길 바랍니다.

음성 듣기

부활하신 예수님이 오늘도 그대와 동행하고 계심을 믿으십시오. 믿음은 기분과 상관이 없습니다. 기분이 가라앉거나 우울하거나 슬퍼도 그것은 감정일 뿐이니 믿음이 흔들릴 이유는 없습니다.

"믿음이 없이는 하나님을 기쁘시게 하지 못하나니 하나님께 나아가는 자는 반드시 그가 계신 것과 또한 그가 자기를 찾는 자들에게 상 주시는 이심을 믿어야 할지니라"(히 11:6). 믿음이 없이는 하나님을 기쁘시게 하지 못합니다.

오늘 그대는 어떤 믿음을 하나님께 보여 드리면 좋을까요? 그대 삶의 목표가 "모든 일에 형통"(대하 32:30)이 아니라 모든 일에 하나님을 기쁘시게 함이라면, 오늘 하나님이 보시길 원하는 믿음일 것입니다. 그 믿음을 보여 드리는 그대가 되기를 축복합니다.

하나님의 시선은 오늘도 온통 그대를 향하고 있습니다. 그대의 죄를 찾아 벌을 주기 위해 그대를 주시하시는 것이 아닙니다. 그대의 믿음의 행보를 보시고, 상을 주기 위해 그대를 보고 계시다는 사실이 그대에게 큰 힘과 위로가 될 것입니다.

음성 듣기 _____

사랑하는 그대여! "하나님은 그대를 사랑하십니다!" 혹시 이 밤, 오늘 있었던 어떤 일로 인하여 '하나님이 정말로 이러한 나를 사랑하실까?' 하는 의심이 드나요? 스스로를 정죄하기보다는 '하나님의 변치 않는 사랑'을 기억하는 시간이 되면 좋겠습니다. 누가 뭐라 해도, 그대가 어떻게 생각하고 어떻게 느낄지라도 그대가 하나님의 사랑을 입은 자라는 사실은 100% 진실입니다.

그러니 사랑하는 그대여, 혹시 지금 넘어져 있다면 다시 일어서길 바랍니다. 넘어짐 없이 어떻게 다시 일어설 수 있겠어요? 다시 일어섬이 곧 간증입니다. 넘어진 횟수는 중요하지 않아요. 한 번 더 일어나는 것이 중요합니다. "대저 의인은 일곱 번 넘어질지라도 다시 일어나려니와 악인은 재앙으로 말미암아 엎드러지느니라"(잠 24:16).

음성 듣기

# 08 | 고백

누가복음 18장에 과부와 불의한 재판관 이야기가 나옵니다. "하나님을 두려워하지 않고 사람을 무시하는"(눅 18:2) 불의한 재판장이 과부가 자기의 원한을 풀어 달라고 끈질기게 찾아오자 얼마나 귀찮던지 끝내 그의 청을 들어주고 말았지 않습니까? 우리에게 "그러니 너희도 열심히 기도해라"라는 교훈을 주는 이야기죠.

그런데 이야기 끝에 예수님이 뜬금없는 질문을 덧붙이십니다. "그러나 인자가 올 때에 세상에서 믿음을 보겠느냐"(눅 18:8). 즉 "과연 너희가 세상 끝날에도 '하나님은 좋으신 분입니다'라고 고백할 수 있겠느냐?"라고 물으신 것입니다.

세상 사람들이 "좋으신 하나님이라면서 코로나19 팬데믹은 왜 생긴 거야? 러시아와 우크라이나 전쟁은 왜 일어났지?", "하나님이 계시긴 한 거야?"라고 물어올 때, 주님은 대답 대신 또 다른 질문을 우리에게 던지십니다. "너는 나를 어떤 하나님이라고 생각하느냐?"

사랑하는 그대여! "예, 제가 믿는 하나님은 좋으신 분입니다"라고 고백할 수 있는 그대가 되기를 축복합니다. God is good all the time, All the time God is good.

음성 듣기 _____

사랑하는 그대여! 성경 말씀을 어제보다 한 구절이라도 더 읽고 선포하는 하루가 되길 바랍니다. 하나님이 그대와 동행하시며 말씀으로 말미암은 능력을 체험하도록 도우실 것입니다. 하나님이 그대와 함께하심을 믿으십시오.

믿음은 느낌이 아니고, 환경도 아닙니다. 그대와 동행하시는 하나님이 그대를 절대로 버리지 아니하시고, 포기하지 아니하시고 끝까지 도우실 것을 믿고 주님 안에서 믿음의 행진을 계속하길 축복합니다.

"나의 의인은 믿음으로 말미암아 살리라 또한 뒤로 물러가면 내 마음이 그를 기뻐하지 아니하리라 하셨느니라 우리는 뒤로 물러가 멸망할 자가 아니요 오직 영혼을 구원함에 이르는 믿음을 가진 자니라"(히 10:38-39).

음성 듣기

살면서 죄를 짓지 않는 사람은 없습니다. 평생 죄지은 적이 없다고 말하는 사람이 있다면, 그 사람은 엄청난 거짓말쟁이인 거죠. 알고 지은 죄가 있는가 하면 모르고 짓는 죄도 있기 때문입니다. 지은 죄를 회개하지 않으면, 더 큰 죄가 쌓이겠죠.

그러나 하나님은 우리가 우리의 죄를 회개하면 우리의 지은 모든 죄를 용서해 주신다고 말씀하십니다. "만일 우리가 우리 죄를 자백하면 그는 미쁘시고 의로우사 우리 죄를 사하시며 우리를 모든 불의에서 깨끗하게 하실 것이요"(요일 1:9).

사랑하는 그대여! 죄인의 삶에는 온갖 유혹과 더불어 넘어짐과 상실감과 실패감이 있습니다. 그러나 하나님은 "죄가 더한 곳에 은혜가 더욱"(롬 5:20) 넘친다고 말씀하십니다. 더 나아가 이렇게 말씀하시기까지 합니다. "오라 우리가 서로 변론하자 너희의 죄가 주홍같을지라도 눈과 같이 희어질 것이요 진홍같이 붉을지라도 양털같이 희게 되리라"(사 1:18).

우리가 아무리 죄를 많이 지어도 주님께 나아가 죄를 고백하고 회개하면, 주님은 "내가 네 허물을 빽빽한 구름같이, 네 죄를 안개같이 없이하였으니 너는 내게로 돌아오라 내가 너를 구속하였음이니라"(사 44:22)라고 말하며 반겨 주십니다. 얼마나 감사한지요. 그러니 사랑과 은혜를 퍼부어 주시는 하나님을 신뢰하고 기대하기를 축복합니다.

음성 듣기

# 09 | 선택

사랑하는 그대여! 오늘 그대에겐 어떠한 계획이 있나요? "내게 능력 주시는 자 안에서 내가 모든 것을 할 수 있느니라"(빌 4:13).

'혼자만의 힘으로'가 아니라 "내게 능력 주시는 자 안에서" 할 수 있다는 것은 믿는 자의 특권이죠. 그대 힘으로는 할 수 없다는 고백을 기쁘게 하십시오. 내 능력이 없는 덕분에 주님이 해 주시니까요.

그대의 연약함은 곧 예수 그리스도의 강함으로 이어지는 연결 고리입니다. 그대가 부족하므로 주님이 채워 주십니다. 그대의 부족함이 감사의 제사가 되는 하루가 되기를 축복합니다.

음성 듣기 _____

우리는 왜 살아가면서 정직하게 말해야 할까요? 그 이유는 다른 것이 아니라고 생각합니다. 예수님이 "내가 곧 길이요 진리요 생명이니"(요 14:6)라고 말씀하셨기 때문이죠.

예수님을 증거하는 것이 우리 삶의 목표이니만큼 우리를 만나는 사람들이 우리를 통해 예수님을 만나도록 자기 삶을 정돈해야 함은 당연합니다. 즉 "진리"이신 예수님을 증거하려면, 먼저 나 자신이 진실해야 합니다. 말의 능력은 삶의 진정성에서 나오기 때문입니다. 그래야 우리 말이 사람들에게 영향을 줄 수 있습니다.

사랑하는 그대여! 하나님이 보시기에 진실한 삶을 살아가기를 축복합니다. 진실한 삶에서 나오는 정직한 말로 예수님을 증거하기를 바랍니다.

이따금 만사가 귀찮아지고 무기력하게 느껴질 때가 있습니다. 몸이 아픈 것도 아닌데, 도무지 기운이 안 날 때가 있어요. 그때 내가 왜 그럴까 생각해 보면, 내 마음속 미움이 나의 모든 기력을 앗아갔다는 걸 깨닫곤 합니다. 사람인데, 미움이나 나쁜 감정을 품을 때가 왜 없겠어요? 중요한 것은 그 나쁜 감정을 어떻게 처리하는가입니다.

사랑하는 그대여! 하나님은 언제나 지극한 사랑의 눈길로 그대를 바라보시며 그대 마음속에 새 소망과 기대감이 충만하기를 기대하신답니다. 그러니 누군가를 향한 미움 따위는 어서 떨쳐 버리십시오. 나쁜 감정이 올라오는 건 어쩔 수 없지만, 계속 품느냐 떨치느냐는 그대의 선택입니다. 수시로 무기력에 빠진다고요? 괜찮아요. 그때마다 그 원인이 되는 나쁜 감정을 알아차리고 떨쳐 버리면 되니까요.

대적 기도! 어떻게 하는지 아시지요? "나사렛 예수의 이름으로 명하노니 나에게 있는 시기, 질투, 미움, 용서 못하는 마음과 모든 나쁜 영들은 나에게서 떠나갈지어다!" 이 기도가 필요한 때를 알고, 필요한 때마다 사용하기를 축복합니다!

음성 듣기 _____

# 10 | 분별

아침에 눈을 떴을 때 하나님이 지금 현신하여 그대 옆에 계신다면, 뭐라고 하실까요? "애야, 어제 회사에서 별일은 없었니?" "애야, 시험은 잘 봤어?" "집안일 하느라 요즘 힘들었지?" 하실 것입니다.

하나님이신데, 그대가 어떻게 지냈으며 어떤 일을 겪었는지를 왜 모르시겠어요? 그런데도 모르는 척하고 슬쩍 물으시고는 "힘들었지? 수고했어!" 하며 커피 한 잔을 내려 주실 것만 같습니다. 참으로 세심하게 살피시는 다정한 분이 바로 그대 곁에 계십니다. 심지어 그대 안에 계십니다. 그대가 어딜 간들 하나님이 안 계시겠습니까? "내가 하늘에 올라갈지라도 거기 계시며 스올에 내 자리를 펼지라도 거기 계시니이다"(시 139:8).

사랑하는 그대여! 하나님은 절대로 그대를 떠나지 않으십니다. 그러니 그대가 당면한 어려운 문제보다는 예수 그리스도께 시선을 집중하길 바랍니다. Fix your eyes on Jesus. 예수님께 시선을 집중하세요.

사랑하는 그대여! 그대가 들은 하나님의 음성이 과연 맞는 건지 모르겠다고 고개를 갸우뚱거릴 때가 있지요? 하나님의 음성을 어떻게 분별할 수 있을까요?

"하나님은 사랑이시라"(요일 4:16)를 기억하면 됩니다. 그대가 들은 음성 덕분에 이웃을 더 사랑하게 되었나요? 하나님을 더욱 사랑하게 되었나요? 그렇다면 하나님이 들려주신 음성이 맞습니다. 그런데 그대가 들었다고 생각한 하나님의 음성 때문에 옆 사람이 미워지고 싫어졌다면, 교회에 가기 싫어지고 하나님께 화가 난다면, 그것은 절대로 하나님의 음성일 리가 없습니다.

사랑하는 그대여! 하나님의 음성은 누구나 들을 수 있습니다. 다만 음성 듣기는 단순한 느낌이 아닌 믿음의 문제임을 알아야 합니다. 하나님이 그대를 사랑하신다는 것이 믿어져야만 하지요. 주님은 지금도 그대에게 말씀하십니다. "얘야, 걱정하지 말아라. 네가 걱정하는 일은 일어나지 않을 거야. 내가 너를 보호할 거야. 내가 도와줄 거야. 내가 막아 줄 거야. 내가 너를 인도할 거야. 너의 필요한 것을 내가 공급해 줄 거야. 나를 믿으렴!" 그대 마음속에 하나님의 음성이 들려오기를 축복합니다.

음성 듣기

사랑하는 그대여! 사람들에게서 오해받아 억울하거나 부당한 대우를 받아 침울해져 본 적이 있나요? 사실, 누구나 흔히 겪는 일이지요. 그때 하나님이 말씀하십니다.

"사랑하는 내 딸아! 사랑하는 내 아들아! 걱정하지 마. 책망받을 짓을 하지 않았는데, 왜 자책하니? 내가 너를 알잖니. 내가 너를 지었잖니? 내가 너를 살피고 있잖아."

누군가가 정확한 논리로 칼같이 베고 후벼 파도 하나님이 아니라고 하시면 아닌 겁니다. 성경에 "까닭 없는 저주는 참새가 떠도는 것과 제비가 날아가는 것같이 이루어지지 아니하느니라"(잠 26:2)라고 했으니까요. 그러니 억울한 일을 당하거든 사람들에게 하소연하기보다는 말씀을 읽는 편이 좋겠습니다. 그대를 잘 아시는 주님이 그대를 도우시고, 인도해 주실 것입니다. 어떠한 상황에서도 모든 시선을 주님께 고정하는 지혜로운 그대가 되기를 축복합니다.

음성 듣기

# 11 | 문제

사랑하는 그대여! 저는 카카오톡 프로필에 이런 글을 올려 두었
답니다. "내게 주어진 모든 일은 하나님의 나 사랑함을 깨닫게
하심임을 감사합니다."

하루를 시작하는 그대는 오늘도 사람들을 만나고, 어떠한 일들
을 마주치게 될 것입니다. 그 모든 일에서 하나님이 그대를 사
랑하심을 깨닫는 하루가 되기를 축복합니다. "능히 모든 성도와
함께 지식에 넘치는 그리스도의 사랑을 알고 그 너비와 길이와
높이와 깊이가 어떠함을 깨달아 하나님의 모든 충만하신 것으
로 너희에게 충만하게 하시기를 구하노라"(엡 3:18-19).

인생이 한 편의 드라마라면, 제목이 바뀌고 무대가 바뀌고 등장
인물이 바뀔지라도 하나님이 그대를 사랑하심은 한결같답니다.
그러니 무슨 일을 만나든지 그것은 하나님이 그대를 사랑하기
에 허락하신 일임을 기억하세요. 문제 해결은 바로 여기서부터
시작하면 됩니다.

사랑하는 그대여! 사랑하는 그대의 하루를 하나님이 동행해 주
실 것을 믿습니다.

음성 듣기

사랑하는 그대여!

구시렁구시렁 불평하기 전에, 자기 연민에 빠지기 전에 그대를 구원하신 하나님의 뜻을 헤아려 보세요. 하나님은 그대가 선한 일을 행하여 세상에 빛과 소금이 되기를 기대하신답니다.

선행이란 어떤 것일까요? 환경 보호를 위해 쓰레기를 잘 분리해 배출하는 것, 슬럼프에 빠진 친구나 직장 동료에게 점심 한 끼를 대접하여 격려하는 것, 가족을 위해 설거지나 청소 같은 집안일을 하는 것 등이 다 선행에 해당합니다.

어마어마하게 대단한 일이 아니라 일상 속 소소한 일들을 통해서도 빛과 소금 된 삶을 살 수 있습니다. "이같이 너희 빛이 사람 앞에 비치게 하여 그들로 너희 착한 행실을 보고 하늘에 계신 너희 아버지께 영광을 돌리게 하라"(마 5:16). 오늘 그대가 행할 수 있는 선행의 리스트를 한번 만들어 봄이 어떨까요? 주님이 지혜를 주실 것입니다.

음성 듣기 _____

"열 손가락 깨물어 안 아픈 손가락 없다"라는 우리 속담이 있지요. 그런데 누가 그러더군요. 조금 더 아픈 손가락은 있다고 말이에요. 사람이니 더 아끼거나 덜 사랑하거나 합니다. 하지만 하나님의 사랑은 무궁무진하여 누구에게도 모자람이 없답니다. 제가 열심히 살면서 배운 게 하나 있습니다. 저처럼 열심히 살아도 또 누구처럼 게으르게 살아도 하나님은 똑같이 사랑하시더라는 겁니다. 신기하죠? 우리 하나님은 그런 분입니다.

하나님이 저나 그대뿐 아니라 모든 사람을 정말로 사랑하신다는 것을 어떻게 알 수 있을까요? 바로 십자가를 보면 알 수 있지요. 예수님은 하나님을 사랑하는 사람들만을 위해서 십자가에 달려 돌아가신 게 아닙니다. 하나님을 모르는 사람들뿐 아니라 심지어 하나님께 불평불만을 쏟아붓는 사람을 위해서도 죽으셨고, 부활하셨습니다.

성경을 읽고 묵상하고 나서 그 뜻에 순종하려고 하루하루 노력할 때, 하나님을 사랑한다고 고백하고 기도할 때 '아! 하나님이 정말로 나를 사랑하시는구나'라는 것을 더더욱 깨닫게 됩니다. 하나님을 열심히 좇고 사랑하다 보면 그만큼 하나님의 사랑을 더 많이, 더 깊이 깨닫게 됩니다. 그 깨달음이 바로 은혜입니다. 사랑하는 그대여! 예수님은 그대를 사랑하셔서 십자가에서 기꺼이 돌아가셨다는 사실을 잊지 마세요.

음성 듣기

# 12 | 위로

사랑하는 그대여! 하나님은 선하시고 선하시고 또 선하신 분입니다. 그 선하신 분이 그대의 하나님입니다. 하나님은 어제나 오늘이나 영원토록 동일하십니다. 그 하나님이 오늘도 한결같이 그대를 사랑하시고, 그대와 동행하여 주십니다.

"하나님이 보시기에 좋았더라"라는 칭찬을 듣는 그대가 되기를, 하나님의 기쁨이 되는 하루가 되기를 축복합니다. 그러나 하나님께 칭찬을 듣지 못해도, 하나님의 기쁨이 되지 못해도 그대를 향한 하나님의 사랑은 변함이 없답니다. 정말 감동이죠?

그러므로 오늘도 그대의 새날은 감사의 날, 소망의 날, 기쁨의 날입니다. "예수 그리스도는 어제나 오늘이나 영원토록 동일하시니라"(히 13:8). 그대의 부족한 모든 부분을 그대로 사랑해 주시는 하나님께 감사 고백을 드림으로 하루를 시작하는 그대를 축복합니다.

음성 듣기 _____

사랑하는 그대여!

그대에게 무슨 일이 있었는지, 그대가 어떤 결정을 내려야 하는지, 그대가 무엇 때문에 울고 웃는지, 무엇 때문에 분노하는지 다른 사람들은 몰라도 하나님은 아십니다.

God knows! 하나님이 아셔요. 그러니 힘내길 바랍니다. 하나님이 그대와 함께하시고, 그대를 도우십니다. 그대가 느끼든 느끼지 못하든 상관없이 말이에요. 믿음은 느낌이 아닙니다. 오늘 하나님이 그대에게 마음 힘든 일을 허락하심은 그대로 하여금 다른 사람들을 위로하는 능력을 갖게 하기 위한 훈련의 시간일 수도 있습니다.

"우리의 모든 환난 중에서 우리를 위로하사 우리로 하여금 하나님께 받는 위로로써 모든 환난 중에 있는 자들을 능히 위로하게 하시는 이시로다 그리스도의 고난이 우리에게 넘친 것같이 우리가 받는 위로도 그리스도로 말미암아 넘치는도다"(고후 1:4-5).

음성 듣기

사랑하는 그대여!

자기 자신이 초라하고 보잘것없어 보일 때가 있나요? 시편 139편을 찾아 읽어 보세요. "내 형질이 이루어지기 전에 주의 눈이 보셨으며 나를 위하여 정한 날이 하루도 되기 전에 주의 책에 다 기록이 되었나이다 하나님이여 주의 생각이 내게 어찌 그리 보배로우신지요 그 수가 어찌 그리 많은지요 내가 세려고 할지라도 그 수가 모래보다 많도소이다 내가 깰 때에도 여전히 주와 함께 있나이다"(시 139:16-18).

우리를 향한 "주의 생각"은 온통 보배로운 것밖에 없습니다. 그 보배로운 생각이 얼마나 많은지 모래보다도 많습니다. 바닷가의 모래알을 세 본 적이 있나요? 저는 언젠가 한 줌 쥐어다가 일일이 세어 보려고 했는데, 도저히 못 세겠더라고요. 그대를 향한 주의 보배로운 생각은 그보다도 많다고 합니다. 믿어지지 않나요?

이렇게 말해 볼까요? 만약 세상에 그대 딱 한 사람만 존재했어도 하나님은 예수 그리스도를 보내 주셨을 것입니다. 그대 한 사람의 구원을 위해서 기꺼이 십자가에 못 박혀 돌아가셨을 것입니다. 그만큼 그대는 소중한 사람입니다.

# 13 | 베푸심

하나님은 정말로 부지런하십니다. 그대를 위해 쉴 새 없이 일하십니다. 그대에게 하나님의 사랑을 일깨워 주시기 위해서 말이지요. 그대가 죄를 지으면, 어떤 때는 호되게 꾸중하시며 "애야, 나는 네 죄에 합당한 벌을 내리는 하나님이란다. 두렵고 떨리는 마음으로 내게 돌아오렴!" 하고 말씀하시고, 또 어떤 때는 벌을 받아 마땅한데도 "너는 항상 죄를 짓곤 하지만, 나는 너를 귀히 여기고, 너에게 기꺼이 은혜를 베풀 거야. 나는 네게 자비를 베푸는 좋은 하나님이란다. 안심하고 내 품에 안기렴" 하고 은혜를 베풀어 주시기도 합니다.

사실, 은혜를 바랄 자격이 없는데도 우리에게 채찍보다 당근을 주고 싶어하시는 하나님의 마음을 깨달을 때 우리는 주의 사랑이 얼마나 큰지를 헤아리게 됩니다.

사랑하는 그대여! 힘내십시오! 오늘도 그대에게 기꺼이 은혜를 베푸실 하나님을 기대하시기 바랍니다! 하나님이 그대를 사랑하십니다.

음성 듣기 ⎯⎯⎯⎯⎯⎯⎯⎯⎯⎯⎯⎯⎯⎯⎯⎯⎯⎯⎯⎯

정말 누가 봐도 악한 사람들이 있습니다. 특히 나에게 나쁜 짓을 한 사람은 악인 중의 악인으로 여겨지기도 하죠. 그런데 그에게 분노하며 자꾸 그를 떠올리는 것은 사실 나에게 집중하는 것과 마찬가지라는 생각을 해 보셨나요? 그의 악행에 화가 나지만, 그럼에도 오늘도 그를 찾고 계실 하나님의 인내와 자비를 떠올리는 것이야말로 하나님께 집중하는 것이지요.

그 사람에 관한 나쁜 기억은 절대로 잊히지 않습니다. 그런데 하나님께 집중하면, 하나님의 은혜로 '덮어쓰기'가 됩니다. 그래야만 비로소 아픔이 치유됩니다.

사랑하는 그대여! 하나님 앞에 나아와 그 크신 사랑을 듬뿍 받고, 그 사랑으로 그대를 괴롭혔던 사람들을 향한 분노와 아픔을 '덮어쓰기'로 없애 보세요. 그 선택으로 말미암아 자유함을 누리게 될 것입니다.

음성 듣기

저는 육체의 연약함이 있는데 허리가 좋지 않아요. 그래서 병원에 자주 갑니다. 병원에 갔을 때 이것저것 묻지 않고 제 몸 상태만 보고도 "그동안 얼마나 고생하셨어요!" 하고 다정하게 말하며 척척 치료해 주는 의사를 만나면, 전적으로 의지하게 됩니다. 예수님은 귀신 들린 아들을 데려온 아버지에게 "언제부터 이렇게 되었느냐"(막 9:21) 하고 물으셨지요. 예수님의 이 물음에 묻어 있는 다정함이 느껴져 가슴이 뭉클해지지 않나요?

사랑하는 그대여! 하나님은 그대의 아픔과 고통에 관심이 많으십니다. 그대의 아픔에 공감하며 친히 보살펴 주시는 분입니다. 육신의 질고, 관계의 어려움, 재정의 궁핍함 등을 통해 주님이 그대에게 다가가실 때가 있는데, 하나님이 원하시는 것은 그대와의 교제, 소통, 곧 친밀한 관계입니다. 즉 하나님이 얻고자 하시는 것은 바로 그대 자신이라는 사실을 기억하세요. 그리고 그분의 다정한 질문에 답하기 바랍니다.

음성 듣기

# 14 | 태도

사랑하는 그대여! 영어 단어 '컨페스'(confess)는 '(죄 또는 잘못을) 고백하다'라는 뜻입니다. 이 단어는 본래 하나님이 이미 알고 계시는 나의 죄를 내 입술로 이실직고하는 것을 의미한다고 합니다. 그대가 죄를 고백하면 인자하심이 크신 하나님은 "동이 서에서 먼 것같이"(시 103:12) 그대의 죄를 멀찍이 옮기십니다. 이는 그대의 죄를 용서해 주실 뿐만 아니라 아예 잊어 주신다는 뜻이죠. 동과 서는 만날 수가 없는 것처럼 그대가 자기 죄를 다시 주워 올릴 수 없도록 깊은 바닷속으로 던져 버리신다는 말씀도 하십니다. "사유하심(용서하심)이 주께 있음은 주를 경외하게 하심"(시 130:4)이라고 했습니다.

혹시 지은 죄를 또 짓게 되더라도 참소의 영에 걸려들어 '나는 왜 항상 이럴까?' 하지 말고 거듭 용서하시는 하나님을 바라보세요. "또 용서해 주셨구나. 놀라운 은혜로다" 하고 하나님을 더욱 경외하며 더욱더 사랑하며 감사해야겠다고 작정하시면 됩니다. 이것이 바로 하나님이 원하시는 성경적인 태도랍니다.

오늘 새 마음을 갖길 바랍니다. 새 마음이란 어제까지 되는 일이 없었더라도 오늘은 하나님을 향한 새 소망, 새 기쁨, 새 기대를 품는 것입니다. 그대의 구원자는 하나님 한 분뿐입니다. 그대의 소망과 기쁨과 기대와 용기가 하나님 안에 새로이 뿌리내리는 하루가 되길 축복합니다.

음성 듣기

사랑하는 그대여! 우리가 당면한 문제에 맞서지 못한 채 패배감이나 좌절감에 빠져드는 이유는 그럴 만한 여건이어서가 아닙니다. 하나님은 말씀을 통해 우리에게 세상과 맞짱 뜰 힘을 주십니다. 그런데 우리가 믿음이 없어서 그 말씀을 찾지 못하거나 아예 찾지 않기 때문입니다.

그러면 안 됩니다. 사도 바울은 "사망이나 생명이나 천사들이나 권세자들이나 현재 일이나 장래 일이나 능력이나 높음이나 깊음이나 다른 어떤 피조물이라도 우리를 우리 주 그리스도 예수 안에 있는 하나님의 사랑에서 끊을 수 없으리라"(롬 8:38-39)라고 고백했습니다.

누구한테 배신당했건 승진이 안 됐건 직장을 잃었건 시험에서 떨어졌건 그래 봤자 대수겠습니까? 그 무엇도 우리를 하나님의 사랑에서 끊을 수 없는걸요. 그러니 하나님의 말씀을 가슴에 새기고 하루를 힘차게 말씀 선포와 함께 시작하는 그대가 되기를 축복합니다.

음성 듣기 _____

'소망의 아이콘' 사도 바울의 스펙에 관해 묵상하면서 은혜를 정말 많이 받았습니다. 사도로서 널리 알려진 그의 스펙은 환난, 고생, 배고픔 등이었지만, 사실 그가 꼽은 가장 큰 스펙은 '약함'이었습니다. "나의 여러 약한 것들에 대하여 자랑하리니 이는 그리스도의 능력이 내게 머물게 하려 함이라"(고후 12:9).

너무나 은혜로운 고백이지 않나요? 사도 바울의 말이 옳습니다. 그대의 약함이 곧 그리스도의 강함입니다. 그대가 약하기 때문에 하나님이 그대에게 능력을 퍼부어 주십니다. 그러니 그대가 하나님의 일을 할 수 있는 스펙은 그대의 능력이나 환난이 아니라 하나님이 그대를 긍휼히 여기시는 그대의 부족함이라는 것입니다. "여러 계시를 받은 것이 지극히 크므로 너무 자만하지 않게 하시려고 내 육체에 가시 곧 사탄의 사자를 주셨으니 이는 나를 쳐서 너무 자만하지 않게 하심이라"(고후 12:7).

'육체의 가시'를 떠올리면 어떤가요? 괴롭죠. 그러나 하나님은 그 육체의 가시를 통해 하나님의 종으로서 마땅히 가져야 할 태도, 곧 겸손함을 가지도록 도우십니다. 그래야 하나님 앞에 긍휼을 구할 테니까요. 얼마나 놀라운 은혜인가요?

사랑하는 그대여! 자신이 부족하게만 느껴집니까? 내 능력으로는 도저히 못 하겠다는 생각이 드나요? 그것이 바로 하나님이 그대를 사용하시는 이유임을 기억하세요.

음성 듣기 _____

# 15 | 있는 그대로

그대 기쁨의 원천은 무엇입니까? 성경은 이렇게 말합니다. "여호와로 인하여 기뻐하는 것이 너희의 힘이니라"(느 8:10, The joy of the LORD is your strength, NIV).

하나님을 기뻐하는 것이 곧 그대의 힘이라는군요. 그대 기쁨의 원천은 바로 하나님입니다. 오늘만큼은 "이렇게 해 주세요", "저렇게 도와주세요" 하는 기도를 잠시 멈추고, 이런 기도를 드리세요. "여호와로 인하여 제 기쁨이 회복되길 원합니다. 제 기쁨이 충만해지기를 소원합니다. 하나님이 주시는 기쁨을 누리기를 원합니다." 정말로 근사한 기도 아닌가요?

제 딸이 결혼하기 전에, 하루는 "엄마, 엄마!" 부르길래 "왜? 뭐 필요해?" 대답했어요. 아이들은 뭔가 필요할 때 엄마를 부르잖아요. 그런데 제 딸이 "아니, 그냥 엄마가 좋다고. 엄마 사랑해!" 하며 웃으며 지나가더라고요. 순간 울컥했습니다. 그때 나도 하나님께 이렇게 사랑 고백을 해 봐야겠다고 생각했습니다. "하나님, 하나님! 그냥 하나님이 좋다고요. 하나님, 사랑해요!" 그러면 하나님도 기뻐하시지 않을까요?

사랑하는 그대여! 하루하루 살아가는 게 쉽지 않죠? 다들 힘들게 사는 것 같아요. 그럴수록 하나님이 기뻐하실 말을 불쑥 올려드리세요. 그대의 기쁨도 차오르는 걸 경험할 거예요.

음성 듣기 ⎯⎯⎯⎯⎯⎯⎯⎯⎯⎯⎯⎯⎯⎯⎯⎯⎯

저는 중학교 1학년 때 처음 교회에 나갔어요. 그때부터 등하교할 때마다 교회에 들렀습니다. 개척 교회라서 의자 없이 바닥에 방석을 깔고 앉았는데, 매일 아침 등교하기 전에 교회에 들러 이리저리 흩어져 있던 방석들을 가지런히 정리해 놓곤 했어요. 아무도 보는 사람이 없었지만, 그렇게 하고 등교하면 기분이 너무 좋았어요. 하굣길에도 교회에 들렀는데, 아침보다 시간이 여유로워 방석 정리뿐 아니라 청소까지 하곤 했지요.

나중에 선교사가 되고 나서 문득 그때 생각이 났습니다. '하나님이 내가 그때 가지런히 방석 정리하는 것을 보시고, 기특하게 여기셨나 보다. 그래서 나를 선교사로 만들어 주신 것 아닐까?' 하고요.

사랑하는 그대여! 하나님은 지금 그대가 있는 그 자리에 그대를 세워 주시기까지 분명한 계획이 있으셨답니다. 그 계획이 무엇일까요? "여호와의 말씀이니라 너희를 향한 나의 생각을 내가 아나니 평안이요 재앙이 아니니라 너희에게 미래와 희망을 주는 것이니라"(렘 29:11).

그대를 향한 하나님의 계획과 생각은 온통 그대의 장래를 향한 소망과 평강입니다. 이것은 우리를 향한 하나님 계획의 원칙입니다. 지금까지 인도하신 하나님이 앞으로도 완전한 계획으로 그대를 계속 인도해 주실 것을 믿으십시오.

음성 듣기 _____

십수 년 전 어느 날이 생각납니다. 술을 마셨거든요. 목사가 되고 난 다음인데, 어쩌다 마시게 되었는지는 기억나지 않습니다. 그때 곧이곧대로 묵상 나눔에 올렸다가 "어떻게 목사가 이럴 수 있냐? 실망했다" 등의 비난 댓글을 받았습니다.

그때 저는 이렇게 대답했습니다. "제가 이렇게 실망스러운 모습을 보여도 당신과 하나님의 관계에는 아무 변화가 없을 겁니다. 그대는 하나님을 계속 사랑하겠지요. 굳이 제 묵상을 읽지 않아도 하나님 앞에서 잘 살아갈 것입니다. 그러나 자신에게 실망하고 좌절하여 포기하고 싶은 어떤 사람은 제 묵상에 '목사님도 이럴 수 있네' 하며 위로받지 않겠어요? 저는 그 한 사람을 위해 묵상을 올렸습니다." 당시 실제로 소망을 잃었던 분이 제 묵상을 읽고 일어날 힘과 소망을 찾았다며 감사를 전하기도 했습니다.

똑같은 묵상을 읽고 어떤 사람은 실망하고 어떤 사람은 힘을 얻었다지만, 제게 사람들의 평가는 중요하지 않습니다. 저를 판단하실 분은 하나님이시고, 하나님이 제 마음의 중심을 아시니까요. 정말 중요한 것은 '내가 하나님 앞에 어떤 사람으로 설 것인가'라고 생각합니다. 오늘 그대는 어느 자리에서 주님을 만나고 있나요? "주께서 오시기까지 아무것도 판단하지 말라 그가 어둠에 감추인 것들을 드러내고 마음의 뜻을 나타내시리니"(고전 4:5).

음성 듣기

# 16 | 버릴 것

어제까지 무슨 일이 있었든 상관없이 새날을 맞이했습니다. 어제까지의 수치, 억울함, 화남 같은 것들은 모두 떠나보내십시오. "이전 것은 지나갔으니 보라 새것이 되었도다"(고후 5:17) 하고 선포하십시오.

사랑하는 그대여! 그대에게는 하나님이 주신 말씀이 있습니다. 그대 마음속에 긴가민가하는 의심이 들거나 갈 곳 몰라 갈팡질팡하게 될 때마다 말씀으로 돌아오십시오. 단지 기분이 울적하여 하나님이 멀리 계신 듯 느껴질 뿐, 하나님은 늘 그대와 동행하고 계심을 깨닫게 될 것입니다. 그러니 시시때때로 바뀌는 기분과 상관없이 악을 멀리하고 꾸준히 선을 행하십시오. 하나님이 그대로 하여금 선한 길을 찾게 하시고, 악을 멀리하는 능력을 주셨음을 믿으십시오.
"악을 악으로, 욕을 욕으로 갚지 말고 도리어 복을 빌라 이를 위하여 너희가 부르심을 받았으니 이는 복을 이어받게 하려 하심이라"(벧전 3:9).

음성 듣기 _____

사랑하는 그대여!

항상 말을 하고 살아가는 우리들에게는 말에 대한 분별력이 필요합니다. 누구에게 어떤 말을 해야 하고 하지 말아야 하는지를 아는 것도 중요하고, 또 들은 말 중에 어떤 말을 간직하고 버려야 할지를 아는 것도 중요합니다. 제때 버리지 않으면 마음속에 쌓이고 쌓이다가 쓴 뿌리를 내리고, 결국 벌레까지 생기게 되니까 말이죠.

오늘 아침부터 지금 이 시간까지 그대는 말에 대한 '분별력'을 어떻게 사용하고 있나요? "경우에 합당한 말은 아로새긴 은 쟁반에 금 사과니라"(잠 25:11). "말을 아끼는 자는 지식이 있고 성품이 냉철한 자는 명철하니라"(잠 17:27). 사용해야 할 말, 들은 말 중에 버려야 할 말에 대한 지혜를 주님이 주실 것입니다.

음성 듣기

"오늘도 최고의 날입니다"라는 말은 좋은 일이 생겨서 나오는 감탄이 아니라 만유의 주 하나님이 지으신 날이기에 터져 나오는 고백입니다. 상황의 좋고 나쁨을 떠난 믿음의 고백입니다. 예전에 하나님이 베풀어 주셨던 은혜는 까맣게 잊고, 오늘 겪는 아픔에 샐쭉해져서 불평불만을 쏟아내고 싶다면 회개하고 믿음의 자리로 돌아오십시오. 은혜를 경험했던 그날을 기억하고, 하나님께 영광과 찬송과 감사의 제사를 올려 드리는 그대가 되기를 축복합니다.

"네 하나님 여호와께서 너를 인도하여 내실 때에 네가 본 큰 시험과 이적과 기사와 강한 손과 편 팔을 기억하라 네 하나님 여호와께서 네가 두려워하는 모든 민족에게 그와 같이 행하실 것이요"(신 7:19). 감사의 회복은 새로운 내일의 참소망이 됩니다.

# 17 | 깨끗한 그릇

사랑하는 그대여! 손님이 집을 방문한다면 가장 먼저 무엇을 하지요? 대부분 청소부터 할 것입니다. 예수 그리스도께서 오늘 그대를 찾아오신다면 무엇을 하겠습니까? 변변히 내어 드릴 것이 없더라도 깨끗한 마음자리는 내어 드릴 수 있지 않을까요? 그리고 예수님이 찾아오시기를 기도하는 그대는 예수님께 귀한 그릇으로 쓰임받기 위하여 그런 기도를 드리는 것이 아닐까요? 우리의 주님은 깨끗한 그릇을 사용하여 주신다고 성경에 약속해 주셨습니다. 약속대로 행하는 그대, 주님의 귀한 그릇으로 쓰임받게 됨을 축복합니다!

"큰 집에는 금그릇과 은그릇뿐 아니라 나무그릇과 질그릇도 있어 귀하게 쓰는 것도 있고 천하게 쓰는 것도 있나니 그러므로 누구든지 이런 것에서 자기를 깨끗하게 하면 귀히 쓰는 그릇이 되어 거룩하고 주인의 쓰심에 합당하며 모든 선한 일에 준비함이 되리라"(딤후 2:20-21).

음성 듣기

사랑하는 그대여! 오늘 그대 앞에 놓인 문제와 스트레스는 무엇입니까? 마주한 도전은 무엇입니까? 과연 그것들을 해결할 답이 있을까요? 분명히 있습니다.

"내가 산의 뿌리까지 내려갔사오며 땅이 그 빗장으로 나를 오래도록 막았사오나 나의 하나님 여호와여 주께서 내 생명을 구덩이에서 건지셨나이다"(욘 2:6).

"산의 뿌리"까지 내려갈 만큼 깊은 고민거리가 있더라도, 도와줄 사람 하나 없어 소망이 끊긴 것처럼 보일지라도 깊은 구덩이에서 하나님이 그대 생명을 건져 내십니다.

그러나 그에 앞서 그대는 하나님께 부르짖을 줄 알아야 합니다. 하나님 앞에 나아와야 합니다. 때로는 산의 뿌리까지 닿을 만한 큰 문제들이 하나님을 깊이 만나게 하는 통로가 되기도 합니다. 하나님을 진하게 만나는 것만큼 복된 일은 없습니다. 무슨 일을 만나든지 감사함으로 하나님께 기도하며 정진하는 하루가 되기를 축복합니다.

음성 듣기

사랑하는 그대여! 유독 지치고 힘든 날에는 로마서 8장을 읽어 보세요. "누가 우리를 그리스도의 사랑에서 끊으리요 환난이나 곤고나 박해나 기근이나 적신이나 위험이나 칼이랴"(롬 8:35).

사도 바울이 세상 누구도 그대를 하나님의 사랑에서 끊을 수 없다고 말합니다. 그대는 그대를 사랑하시는 이로 말미암아 모든 일에 넉넉히 이길 수 있습니다. 하나님이 그대를 사랑하심을 기억하는 것뿐 아니라 꼭 믿어야 합니다. 혹시 마음이 무너져 버린 상태라면, 일으켜 세우십시오. 주님이 이렇게 말씀하시기 때문입니다. "일어나라 나의 딸아! 일어나라 나의 아들아! 일어나 빛을 발하라. 내가 너와 동행하는데, 왜 그렇게 힘이 없느냐?" 말씀을 기억하면서 새 힘을 공급받는 그대이기를 축복합니다.

음성 듣기

# 18 | 훈련 시간

사람들이 저한테 "하나님의 뜻이 무엇일까요?" 하고 묻곤 합니다. 그럴 때마다 저는 이렇게 대답해 주곤 하죠. "하나님의 뜻을 아는 것도 중요하지만, 하나님을 아는 것이 더 중요합니다." 하나님을 알면, 하나님의 뜻인지 아닌지를 구별하기가 어렵지 않습니다. 하나님을 알면 하나님을 신뢰하게 됩니다.

사랑하는 그대여! 지금 하나님의 뜻을 구하고 있나요? 먼저 하나님을 알아 가는 시간을 가지십시오. 하나님은 그대를 사랑하시고, 그대를 향한 완전한 계획을 가지고 계심을 상기하십시오.

"내 영혼아 여호와를 송축하며 그의 모든 은택을 잊지 말지어다 그가 네 모든 죄악을 사하시며 네 모든 병을 고치시며 네 생명을 파멸에서 속량하시고 인자와 긍휼로 관을 씌우시며 좋은 것으로 네 소원을 만족하게 하사 네 청춘을 독수리같이 새롭게 하시는도다"(시 103: 2-5).

음성 듣기 _____

Check ☐ **65**

하나님을 잘 믿는다는 것은 어려운 일이 아닙니다. 하라고 하신 것을 하고, 하지 말라고 하신 것은 안 하면 됩니다. 가라고 하실 때 가고, 멈추라고 하실 때 멈추면 됩니다. 매우 간단하죠? 순종이 힘들다고들 말하는데, 저는 그렇게 생각하지 않습니다. 순종은 어렵지 않습니다. 순종에 익숙해지기까지가 어려운 거죠. 순종이 몸에 익숙해지면, 오히려 불순종하기가 더 어려워집니다. 살면서 순종이 익숙하기까지 어떤 것이 나의 삶에 '익숙한 훈련의 도구'가 될 수 있을는지 오늘 나의 손에 들려질 만한 물맷돌을 지혜롭게 선택하는 그대가 되기를 축복합니다!

"다윗이 칼을 군복 위에 차고는 익숙하지 못하므로 시험적으로 걸어 보다가 사울에게 말하되 익숙하지 못하니 이것을 입고 가지 못하겠나이다 하고 곧 벗고 손에 막대기를 가지고 시내에서 매끄러운 돌 다섯을 골라서 자기 목자의 제구 곧 주머니에 넣고 손에 물매를 가지고 블레셋 사람에게로 나아가니라"(삼상 17:39-40).

음성 듣기 _____

기독 유튜브 채널 '번개탄TV' 대표 임우현 목사님이 제게 이런 질문을 하셨습니다. "선교사님은 28년간 큐티하시면서 하기 싫은 적도 있으셨겠지요?" 제가 없었다고 하니, 몇 번은 있지 않느냐고 되물으시길래 한 번도 없었다고 하자 비결을 물으시더군요. 저는 "묵상을 훈련으로 여기지 않는 것"이라고 대답했습니다.
사실, 묵상은 경건 훈련입니다. 하지만 훈련으로 생각하면 금세 싫어질 거예요. 제게 묵상은 훈련이라기보다 '사랑'입니다. 한창 교제 중인 남녀는 집이 아무리 멀어도 서로 데려다주기를 반복하죠. 몇 번을 오가면서도 헤어지기 아쉬워 결국 결혼하듯이, 사랑하면 함께 있는 시간이 지겹지 않습니다.

하나님의 은혜로 30년이 되도록 하루도 안 빠지고 큐티를 계속합니다. 몸이 아프고 피곤하고 슬픈 날도 있었지만 큐티를 놓은 적은 없습니다. 아버지 장례, 어머니 장례를 치르면서 마음이 너무 힘들었지만, 짧게라도 했습니다. 큰 은혜입니다.
하나님은 그대와 사랑을 나누기 원하십니다. 오늘 하나님을 더 사랑하게 되기를 축복합니다! "너는 나를 도장같이 마음에 품고 도장같이 팔에 두라 사랑은 죽음같이 강하고 질투는 스올같이 잔인하며 불길같이 일어나니 그 기세가 여호와의 불과 같으니라"(아 8:6).

# 19 | 돕는 사람

자신에게 이런 도전적인 질문을 던져 본 적이 있나요? "나는 과연 내 삶을 통해 다른 사람들의 믿음에 진보를 가져다주는 사람인가?"

우리는 매일 많은 사람과 관계를 맺으며 살아갑니다. 그중에 누군가가 그대를 통해 예수님을 알게 되고, 예수님을 안 이후 믿음이 진보했고 기쁨의 열매를 맺게 되었다고 그대에게 고맙다고 인사한 적이 있는지요?

사도 바울의 말씀을 읽으면서 "아! 이것은 바로 내가 행하고 있는 말씀이야!"라는 고백을 하게 되기를 축복합니다!

"내가 육신으로 있는 것이 너희를 위하여 더 유익하리라 내가 살 것과 너희 믿음의 진보와기쁨을 위하여 너희 무리와 함께 거할 이것을 확실히 아노니 내가 다시 너희와 같이 있음으로 그리스도 예수 안에서 너희 자랑이 나로 말미암아 풍성하게 하려 함이라"(빌 1:24-26).

음성 듣기

신앙생활에서 독불장군이란 있을 수 없습니다. 독불장군은 '무슨 일이든 자기 생각대로 혼자서 처리하는 사람'을 가리키잖아요. 그런데 우리는 서로 기도 제목을 나누고, 기도해 주고, 격려해 줄 사람이 필요해요. 그대는 그대의 기도 제목을 나눌 수 있는 '믿음의 식구'들이 있는지요? 그대의 기도 제목을 오늘 나눠보시기를, 주저하지 마시기를 바랍니다.

마귀는 우리가 누군가에게 기도 제목을 나누는 것을 싫어합니다. 그래서 이렇게 속삭이기도 하죠. '그 사람도 자기 일이 급한 것이 많은데 너가 기도 제목을 나눈다고 기도해 주겠니? 그런 것은 기도 부탁하지 말고 너가 그냥 알아서 혼자 기도하고 해결하도록 해.' 그만큼 마귀는 우리 성도들이 서로 기도 제목을 나누는 것을 싫어한답니다. 서로를 위해 기도할 때 응답되는 기도들이 두려운 것이지요. 그러니 주저 말고 오늘 기도제목을 누군가에게 나눠 주고 그리고 그대도 그 누군가에게 오늘 "내가 기도해 줄 그대의 기도 제목이 있나요?"라고 물어보는 시간을 갖게 되기를 축복합니다.

"모든 기도와 간구를 하되 항상 성령 안에서 기도하고 이를 위하여 깨어 구하기를 항상 힘쓰며 여러 성도를 위하여 구하라"(엡 6:18).

음성 듣기

자기가 기도한 대로 이루어지지 않으면, 실망하여 이제는 더 이상 기도하지 않겠다고 말하는 사람들이 있습니다. 그러나 내가 믿고 기도한 것이 이루어지지 않았다고 절망감에 빠져 있으면 안 됩니다.

왜냐하면 성경에 이런 구절이 있기 때문입니다. "그런즉 믿음, 소망, 사랑, 이 세 가지는 항상 있을 것인데 그중의 제일은 사랑이라"(고전 13:13). 이것을 영어 성경(NIV)으로 보면, "And now these three remain: faith, hope and love. But the greatest of these is love", 곧 "믿음, 소망, 사랑이 남아 있다(remain)"라고 표현한 것을 알 수 있습니다. 즉 기도 제목이 당장 이루어지지 않더라도 믿음으로 기도한 것이 남는다는 뜻입니다.

우리에게는 이 땅에서의 삶만 존재하는 것이 아닙니다. 우리는 영생을 살게 될 사람들입니다. 그렇다면 이 땅에서 기도한 것이 이루어지지 않았다고 해도 믿음으로 한 기도가 하늘 나라에 상으로 남게 된다는 것을 믿는 믿음이 필요하지 않을까요?

그대가 믿음으로 기도한 모든 것들은 그대에게 '상'이 되어 하늘 나라에서 그대를 기다리고 있음을 믿으시고, 기도가 응답되지 않았다는 절망감에서 오늘 벗어나기를 축복합니다!

음성 듣기

# 20 | 참된 의

우리의 거룩함은 우리 의로 말미암지 않습니다. 하나님을 잘 믿고 잘 살아가는가 싶을 때, 빠지기 쉬운 죄가 있습니다. 바로 '내 의로 말미암아 나는 거룩하다. 나는 다른 사람들보다 더 깨끗한 삶을 살고 있다!'고 생각하는 것입니다. 그러나 자기 의로 말미암아 스스로 거룩해지는 사람은 아무도 없습니다.

'참된 의'는 예수 그리스도의 십자가밖에 없습니다. 우리가 자책할 것이 없는 삶을 잘 살고 있다고 고백하는 것은 참으로 칭찬할 만한 일이나 그것을 자기 의로 여기는 어리석음은 없어야 할 것입니다. 그대 입술로 모든 것이 하나님의 은혜임을 매일같이 고백하게 되기를 축복합니다.

"내가 자책할 아무것도 깨닫지 못하나 이로 말미암아 의롭다 함을 얻지 못하노라 다만 나를 심판하실 이는 주시니라 그러므로 때가 이르기 전 곧 주께서 오시기까지 아무것도 판단하지 말라 그가 어둠에 감추인 것들을 드러내고 마음의 뜻을 나타내시리니 그때에 각 사람에게 하나님으로부터 칭찬이 있으리라"(고전 4:4-5).

음성 듣기

사랑하는 그대여!
우리는 매일 전쟁 같은 삶을 살고 있습니다. 영적 전쟁이죠. 사실, 우리는 주님을 다시 만나는 그날까지 사탄의 세력과 전쟁 중입니다. 일단 전쟁에 임하면 이겨야만 합니다. 전쟁은 게임이 아니니까요. 전쟁터에서 봐 주기란 있을 수 없습니다. 마귀를 봐 주면 큰일 나지요. 환난 날에 낙담하게 되면 원수에게 우리의 약함을 보여 주는 것이라고 합니다. 어떤 일을 만나더라도 낙담해서는 안 됩니다.

하나님이 그대와 동행하시며 그대를 도와주십니다. 그분의 이름은 임마누엘, 그대와 함께하시는 하나님입니다. 하나님과 함께 어떠한 전쟁이라도 승리할 그대를 축복합니다. "네가 만일 환난 날에 낙담하면 네 힘이 미약함을 보임이니라"(잠 24:10).

음성 듣기

사랑하는 그대여! 참믿음이란 무엇일까요? 마치 주문을 외우듯이 한 가지를 계속 반복하여 아뢰고 또 아뢰는 것이 믿음일까요? 아니지요. 기도의 응답을 얻기 위해 노력하는 것은 믿음이 아닙니다. 참믿음은 어떤 상황에서도 좋으신 하나님을 의지하고, "하나님은 사랑"(요일 4:16)이심을 굳게 믿는 것입니다.

이 땅에 만연한 악을 보고 울분을 느끼는 것도 당연합니다. 왜 하나님이 악을 당장 심판하지 않으시는지 답답할 때도 있습니다. 그러나 오직 하나님 한 분만이 선과 악을 가리실 수 있다는 사실을 잊지 말아야 합니다. 눈에 보이는 상황이 암만 험악해 보여도 "하나님은 선하시다"라는 진리는 변하지 않습니다. 하나님은 악을 잠시 허락하시더라도 결국 선으로 바꾸시는 분입니다. 우리는 모든 상황을 이해하지 못하기에 하나님께 볼멘소리를 내지만, 하나님은 이해가 부족한 우리를 묵묵히 기다려 주십니다.

사랑하는 그대여! 그대가 어떤 상황에 놓여 있는지, 그대의 형편을 하나님이 다 아십니다. 그대의 기도가 당장 응답되든 안 되든 하나님은 선하신 분임을 끝까지 믿는 그대가 되기를 축복합니다. "여호와는 선하시고 정직하시니 그러므로 그의 도로 죄인들을 교훈하시리로다"(시 25:8).

음성 듣기

# 21 | 성숙함

사랑하는 그대여! 요즘 그대는 하나님으로부터 무엇을 배우고 있습니까? 하나님이 때로는 양심의 가책을 통해 교훈을 주시기도 하지만, 때로는 "괜찮다. 괜찮다. 너는 잘못한 게 없다"라는 다독임과 위로의 말씀을 통해 깨달음을 주시기도 합니다. 하나님이 가르쳐 주실 때는 겸손하게 마음을 다하여 배우는 것이 올바른 태도일 것입니다.

하나님은 그대가 다양한 가르침을 통해 그리스도의 장성한 분량까지 성숙하기를 원하십니다. 그대 삶에 세상 사람들이 말하는 '성공'이 아닌 하나님이 귀히 여기시는 그리스도의 형상을 닮아 가는 '성숙'의 시간이 있기를 축복합니다.

"우리가 다 하나님의 아들을 믿는 것과 아는 일에 하나가 되어 온전한 사람을 이루어 그리스도의 장성한 분량이 충만한 데까지 이르리니 이는 우리가 이제부터 어린아이가 되지 아니하여 사람의 속임수와 간사한 유혹에 빠져 온갖 교훈의 풍조에 밀려 요동하지 않게 하려 함이라 오직 사랑 안에서 참된 것을 하여 범사에 그에게까지 자랄지라 그는 머리니 곧 그리스도라"(엡 4:13-15).

음성 듣기

우리는 매일 무언가를 선택하며 살아갑니다. 사람을 사랑하는 선택 아니면 미워하는 선택, 사람을 돕는 선택 아니면 도움을 거절하는 선택 등 여러 가지 선택을 합니다.

사랑하는 그대여! 오늘은 그대를 위한 선택이 아닌 하나님을 기쁘시게 할 만한 선택을 해 보면 어떨까요? 어떻게 해야 그대로 인하여 이웃이 믿음의 진보를 이룰지, 하나님의 사랑을 경험할지를 생각해 보는 건 어떨까요? 그대가 무엇을 보고 무엇을 들으면 하나님이 기쁘실까 생각해 보세요.

하나님께 영광이 되고, 주위 사람들에게 덕이 되는 선택을 하는 그대를 축복합니다. "주를 기쁘시게 할 것이 무엇인가 시험하여 보라"(엡 5:10).

살다 보면, 너무 힘들어 쉬고 싶은 마음이 들다가도 막상 쉬려면 쉼이 어렵게 느껴질 때가 있습니다. 사실 가장 편안한 쉼은 하나님의 임재 가운데 들어가는 것입니다. 그런데 사느라 너무 바쁘다는 핑계로 하나님의 임재 속으로 들어가지 않기 때문에 쉼을 누릴 수가 없는 것입니다.

사랑하는 그대여! 아무리 바쁘고, 아무리 힘들어도 하나님의 임재 가운데 쉼을 누리는 그대가 되기를 축복합니다. 하나님의 임재에 들어간다는 것이 무엇인가를 하나님께 여쭤보고, 그 음성을 듣는 연습을 하면 어떨까요? "나는 마음이 온유하고 겸손하니 나의 멍에를 메고 내게 배우라 그리하면 너희 마음이 쉼을 얻으리니"(마 11:29).

음성 듣기

# 22 | 복음의 통로

사랑하는 그대여! "너희 원수를 사랑하며 너희를 박해하는 자를 위하여 기도하라"(마 5:44)는 말씀을 실천하기란 쉽지 않지요? 그러나 하나님을 사랑하는 마음이 깊어지면 깊어질수록 불가능하게 보이던 일들도 가능하게 된답니다. 마침내는 원수를 사랑하게 되기까지 노력하는 것이 중요하지만, 하나님이 그대를 얼마만큼 사랑하셨고, 또 얼마만큼 사랑하시는지를 깨닫게 해 달라고 기도하는 것은 더 중요하다고 하겠습니다.

성경은 "지식에 넘치는 그리스도의 사랑을 알고 그 너비와 길이와 높이와 깊이가 어떠함을"(엡 3:18-19) 깨달으라고 말합니다. 이 것을 힘써 알아 갈 때, 그대는 이 땅에서 일어나는 어떤 일도 넉넉히 이기게 될 것입니다.

성경은 "말을 아끼는 자는 지식이 있고 성품이 냉철한 자는 명철"(잠 17:27)하다고 말합니다. 혹시 누군가가 그대를 오해하거나 그대를 있는 그대로 인정하지도 평가해 주지도 않는다면, '아하! 예수님의 마음을 본받을 기회가 드디어 나에게도 주어졌구나'라고 생각해 보면 어떨까요?

오늘 그대는 누구를 만나기로 하였는지요? 말을 아껴야 한다면 어떤 말을 아껴야 할까요? 말을 삼가고 함부로 하지 않는 것이 얼마나 중요한지를 하나님이 가르쳐 주십니다. 이 말씀을 마음에 새기고 하루를 지혜롭게 보낼 그대를 축복합니다.

음성 듣기 _____

사랑하는 그대여!

그대를 향한 하나님의 '가장 온전하신 뜻'은 무엇일까요? "너희는 이 세대를 본받지 말고 오직 마음을 새롭게 함으로 변화를 받아 하나님의 선하시고 기뻐하시고 온전하신 뜻이 무엇인지 분별하도록 하라"(롬 12:2).

그대를 향한 하나님의 선하신 뜻이 보이지 않을 때, 당황하거나 실망하지 마세요. 하나님의 기쁘신 뜻이 있을 테니까요. 기쁘신 뜻도 모르겠다면, 온전하신 뜻이 무엇인지 분별해 보세요. 그대를 향한 하나님의 가장 온전하신 뜻은 바로 영혼 구원과 관련 있을 것입니다.

하나님은 그대를 '복음의 통로'로 사용하고 계십니다. 이 사실을 알고 있나요? 그것이 그대를 향한 하나님의 '가장 온전하신 뜻'이기 때문이랍니다. 하나님이 그대를 어느 영혼을 위한 복음의 통로로 사용해 주심을 기뻐하고 즐거워하는 그대가 되기를 축복합니다.

음성 듣기 _____

# 23 | 곤고할 때

사랑하는 그대여!
삶이 아무리 고달프고 곤고해도 언젠가는 하나님이 그대의 선행에 상을 주시는 날이 올 것입니다. 그날에 상을 받으려면 그대가 꼭 삼가야 할 것이 있습니다.

어떤 일을 만나도 하나님 앞에서 불평을 늘어놓지 않는 것입니다. 믿음이 견고한 사람은 어떤 일을 만나도 마음의 평강을 지킬 줄 알고, 주 안에서 하는 모든 수고가 헛되지 않음을 압니다. 오늘 그대가 한 수고를 아무도 알아주지 않아서 실망스러운가요? 걱정하지 말고, 하나님이 상 주실 것을 기대하세요. 이 기대가 그대에게 위로가 될 것입니다.
"그러므로 내 사랑하는 형제들아 견실하며 흔들리지 말고 항상 주의 일에 더욱 힘쓰는 자들이 되라 이는 너희 수고가 주 안에서 헛되지 않은 줄 앎이라"(고전 15:58).

음성 듣기

사랑하는 그대여!

저는 가끔 이런 상상을 합니다. 전쟁터에서는 사람들이 많이 다치죠. 그러면 군의관이 부상자들을 돌봅니다. 그때 옆에서 간호 장교가 돕지요. 군의관이 치료할 때, 옆에서 필요한 것을 척척 챙겨 주는 간호 장교가 얼마나 멋있습니까?

예수님이 사람들을 고쳐 주실 때, 제가 곁에서 간호 장교 역할을 하면 좋겠다는 생각을 해 봅니다. 간호 장교가 아니라면 추수 때 주인에게 시원한 냉수를 가져다드리는 종이 되어도 좋겠다는 생각을 해 봅니다. "충성된 사자는 그를 보낸 이에게 마치 추수하는 날에 얼음냉수 같아서 능히 그 주인의 마음을 시원하게 하느니라"(잠 25:13).

생각만 해도 가슴이 울컥해질 만큼 사모하는 일입니다. 그대가 꿈꾸고 사모하는 모든 일이 하나님께 기쁨이 되기를 축복합니다. 하나님이 그대의 모든 섬김을 기쁘게 받으실 것입니다.

사랑하는 그대여!

하나님은 "알파와 오메가요 처음과 마지막이요 시작과 마침"(계 22:13)이심을 늘 기억하십시오. 그분은 살아 계시며 다시 오실 것입니다. "보라 내가 속히 오리니"(계 22:7)라고 말씀하셨는데, 여기서 "속히"는 '반드시'를 의미한다고 합니다. 즉 반드시 오신다는 뜻이지요. 그러니 힘든 일이 있더라도 조금만 더 인내하며 버텨 내시기를 바랍니다. 주님이 곧 오실 테니까요.

다시 오실 주님을 기다리며 날마다 말씀으로 승리하고, 말씀 가운데 감사하고, 이웃을 사랑하는 데 최선을 다하는 그대가 되기를 축복합니다.

음성 듣기

# 24 | 한 구절이라도

하루를 살아가는 동안에도 우리는 "육신의 정욕과 안목의 정욕과 이생의 자랑"(요일 2:16)과 같은 유혹을 순간마다 수없이 받곤 합니다.

유혹은 항상 있습니다. 그러나 하나님은 그대에게 어떠한 유혹과 시험도 이겨 낼 힘을 주시는 분입니다. "사람이 감당할 시험밖에는 너희가 당한 것이 없나니 오직 하나님은 미쁘사 너희가 감당하지 못할 시험 당함을 허락하지 아니하시고 시험 당할 즈음에 또한 피할 길을 내사 너희로 능히 감당하게 하시느니라"(고전 10:13). 지금 어려운 일을 겪고 있다면, 이 말씀을 소리 내어 읽고 또 읽으면서 이겨 내는 그대가 되기를 축복합니다.

이 말씀을 읽고 또 읽어 갈 때 하나님이 그대에게 들려주시는 '음성'이 있을 것입니다. 그 음성을 적어 보는 것도 좋습니다. 나중에 그 글을 읽으면 '아! 하나님은 정말로 나에게 음성을 들려주시는 분이구나!' 하는 생각이 들 겁니다. 잊지 못할 또 하나의 하나님과의 추억이 되겠지요.

음성 듣기

살다 보면 이해할 수 없는 악한 상황이나 갑갑하고 억울한 상황에 부딪힐 때가 있습니다. 그대가 잘못해서 일어난 일도 있겠지만, 도무지 원인을 알 수 없는 일이 더 많을 것입니다. 생각하면 할수록 더 복잡해질 뿐입니다.

그러한 상황에서 말도 안 되는 저주의 말까지 들으면 마음은 더더욱 바닥을 칩니다. 서럽기도 하고 두렵기도 할 것입니다. 하물며 내가 하지도 않은 일들에 대하여 사람들이 수군수군거린다면 마음이 어떻겠습니까? 그러나 그럴 때일수록 사람이 하는 저주의 말에 마음을 빼앗기지 말고 말씀을 통하여 주시는 하나님의 약속을 기억해야만 합니다.

"까닭 없는 저주는 참새가 떠도는 것과 제비가 날아가는 것같이 이루어지지 아니하느니라"(잠 26:2). 까닭이 없는 저주는 절대로 그대에게 임하지 않습니다. 하나님의 약속입니다. 이 약속을 붙드는 그대의 강건함을 축복합니다!

음성 듣기

사랑하는 그대여! 말씀에는 악을 이기는 능력이 있습니다. 그래서 평소에 말씀을 외워 두면 영적 전쟁에서 큰 힘이 됩니다. 저에게 성경 암송은 늘 하고 싶은 영적 훈련의 하나인데, 해가 갈수록 실천하기가 어려워지더라고요. 게다가 나이 들수록 기억력이 떨어져 외운 말씀도 잊어버리곤 합니다.

그러나 내일 일을 알 수 없는 인생에 말씀만큼 강력한 무기가 있겠습니까? 무슨 일을 만나든지 그때 필요한 말씀을 반사적으로 암송할 수만 있다면 얼마나 좋을까요? 그러니 평소에 성경 말씀을 많이 외워 두는 것이 좋습니다. 오늘부터 당장 성경 구절을 외우기로 다짐해 보세요. 외우는 것이 힘들다 싶으면 같은 구절을 5번 가량 반복해서 소리 내어 읽거나 적어 보는 것도 좋은 방법입니다. 말씀을 가까이 하기 위해 반드시 필요합니다. 오늘보다 내일 더 그대의 삶이 성경구절과 가까워지기를 축복합니다!

"하나님의 말씀은 살아 있고 활력이 있어 좌우에 날선 어떤 검보다도 예리하여 혼과 영과 및 관절과 골수를 찔러 쪼개기까지 하며 또 마음의 생각과 뜻을 판단하나니"(히 4:12).

음성 듣기

# 25 | 목표

삶의 목적이 뚜렷하다는 것은 참으로 좋은 일입니다. 왜 사는가? 왜 일을 하는가? 왜 밥을 먹는가? 왜 운동을 하는가? 내가 하는 모든 일의 목적은 무엇인가? 자신에게 물어보세요. 과연 답할 수 있을까요?

성경은 그리스도인의 삶의 목적이 무엇인지 알려줍니다. "인자가 온 것은 섬김을 받으려 함이 아니라 도리어 섬기려 하고 자기목숨을 많은 사람의 대속물로 주려 함이니라"(막 10:45).

사랑하는 그대여! 우리 모든 그리스도인의 공통분모되는 '삶의 목표'는 '섬김'이라고 하겠습니다. 우리 주님이 친히 본을 보여주셨잖아요!

오늘은 그대의 이웃들을 돌아보면서 섬김이 필요한 사람이 있지는 않은지 주님께 여쭤보고 그 음성을 기다려 보면 어떨까요? 육성이 아니라 하나님이 그대 마음에 주시는 생각이 있을 것입니다. 그 생각에 그대로 순종하시면 됩니다.

음성 듣기 _____

우리는 매일 '영적 싸움'을 하며 살아갑니다. 마음속이야말로 '영적 전쟁터'입니다. 어떤 일에 화를 내거나 누군가를 미워하거나 악한 일을 도모하는 것이 우리 마음속 전쟁터에서 일어나는 일들입니다. 모두 하나님이 기뻐하시지 않는 악한 생각들이죠.

악한 생각이, 즉 나쁜 영들이 그대를 내리누를 때는 대적하여 기도로 물리쳐야 합니다. 이것은 단순한 게임이 아닙니다. 피 터지게 싸워 이겨야만 하는 전쟁입니다. 이기지 않으면 내 목숨을 내어 주어야 하는 살벌한 전쟁입니다. 그러므로 치열하게 싸워야 합니다.

하나님이 주신 무기가 이미 우리 손에 있습니다. '하나님의 말씀'과 '예수님의 보혈'과 '예수님의 이름'은 강력한 무기입니다. 말씀에 순종하여 보혈을 의지하며 예수님의 이름을 선포할 때, 모든 영적 전쟁에서 완전하게 승리를 거둘 수 있습니다. 날마다 승리하는 그대가 되기를 축복합니다. "그런즉 너희는 하나님께 복종할지어다 마귀를 대적하라 그리하면 너희를 피하리라"(약 4:7).

음성 듣기

오늘 지친 하루였나요? 사면초가라는 생각에 밤 잠을 이루지 못하시나요? 힘이 필요한데 어디서 새 힘을 공급받아야 할지 몰라 막막한가요? 성경은 "오직 여호와를 앙망하는 자는 새 힘을 얻으리니 독수리가 날개 치며 올라감 같을 것"(사 40:31a)이라고 말합니다. 여기서 핵심은 '오직'입니다. 오직 여호와를 앙망하는 자만이 새 힘을 얻습니다.

사랑하는 그대여! 사람은 '기대할 대상'이 아니라 '사랑할 대상'임을 알아야 합니다! 사람은 그대에게 새 힘을 줄 수 없습니다. 오직 여호와 한 분만을 앙망하는 마음이 그대에게 새 힘을 공급해 줍니다. 이 믿음으로 새 힘을 얻을 그대를 축복합니다.

음성 듣기

# 26 | 진정한 친구

이 땅에서 어떤 일들이 가치 있고 고귀한지를 헤아려 보세요. 그 중에서도 가장 값진 것은 하나님과의 '친밀한 관계'가 아닌가 합니다. 부귀영화보다 건강보다 심지어 행복한 삶보다도 더 값집니다. 하나님과의 친밀한 관계는 어떻게 만들어질까요?
사랑하는 그대여! 어려운 일은 누구에게나 닥칩니다. 중요한 것은 이 어려움을 누구와 함께 나누는가일 것입니다. 어려울 때 '진정한 친구'를 알아본다는 말도 있습니다. 그대는 인생의 외롭고 힘든 시간들을 누구와 함께 나누는지요?

하나님과 함께한다면, 오히려 어려움을 통해 하나님이 그대를 얼마나 아끼고 사랑하시며 그대를 완전한 길로 인도하길 얼마나 원하시는지를 깨닫게 될 것입니다. 하나님 앞에 내 모든 마음을 토로하는 시간이야말로 하나님과 가장 친밀해지는 순간임을 믿습니다. "여호와의 친밀하심이 그를 경외하는 자들에게 있음이여 그의 언약을 그들에게 보이시리로다"(시 25:14).

음성 듣기

악이 만연한 세상입니다. 마음속에 여러 생각이 오가게 하는 사람들, 돌로 쳐서 내쫓고 싶은 사람들이 있기도 합니다. 그러나 차마 못하는 것은 그들을 심판할 권리가 우리에게 없기 때문입니다. 오직 하나님만이 심판자의 자리에 앉으실 수 있습니다. 감히 하나님의 자리를 넘보면 안되는데 우리는 그들을 판단함으로써 넘보는 죄를 지었습니다.

사랑하는 그대여! 간음하다 잡혀 온 여인을 예수님이 어떻게 대하셨는지를 떠올려 보세요. 예수님은 그 여인이 사람들 앞에서 수치를 당하는 모습을 보지 않으시려고 일부러 땅바닥에 무언가를 쓰셨다고 기록되어 있습니다. "예수께서 몸을 굽히사 손가락으로 땅에 쓰시니 그들이 묻기를 마지 아니하는지라 이에 일어나 이르시되 너희 중에 죄 없는 자가 먼저 돌로 치라 하시고"(요 8:6b-7).

이것은 여인뿐 아니라 그대를 향한 배려이기도 합니다. 그대 삶 가운데 남들에게 말할 수 없는 수치스러운 일을 심판자이신 주님이 가려 주신다는 것입니다. 이런 배려를 받은 우리도 이웃을 판단하기보다 그들의 수치를 가려 줄 수 있는 배려의 마음이 필요합니다. 오늘 그대가 가려 주어야 할 누군가의 수치와 부끄러움이 있을까요? 심판자의 자리에서 내려와 그대의 배려를 실천할 수 있기를 축복합니다.

음성 듣기

사랑하는 그대여!

임마누엘의 하나님이 "내가 오늘도 너와 함께하노라" 말씀하십니다. "네가 물 가운데로 지날 때에 내가 너와 함께할 것이라 강을 건널 때에 물이 너를 침몰하지 못할 것이며 네가 불 가운데로 지날 때에 타지도 아니할 것이요 불꽃이 너를 사르지도 못하리니"(사 43:2).

그대는 혼자가 아닙니다. 조금만 더 견뎌 내시기를 바랍니다. 하나님은 그대에게 약속을 주셨습니다. 물 가운데로 지나갈 때도 함께하시고, 불 가운데로 지나갈 때도 함께하신다고 약속하셨습니다. 물과 불을 지나가지 않는다는 것이 약속이 아니고. 물과 불은 지나갈지라도 하나님이 함께하신다는 것이 약속의 말씀입니다. 하나님은 약속을 지키시는 분입니다. 이 약속의 말씀이 그대에게 들려지기를 축복합니다.

음성 듣기

# 27 | 고난의 쓸모

사랑하는 그대여! 그대는 하나님의 형상대로 지은 바 된 피조물입니다. 그러니 지으신 이를 닮아야 마땅하지요. 하나님은 '사랑'이시라고 했습니다. 성경은 말하기를 사랑은 "악한 것을 생각하지 아니"(고전 13:5) 한다고 했습니다. 이 부분을 영어 성경(NIV)으로 보면, "it keeps no record of wrongs"로 번역되었습니다. 하나님의 사랑은 그대의 잘못을 생각하지 않을 뿐만 아니라 기록조차 남기지 않는다는 뜻입니다.

이러한 사랑을 입은 그대 역시 누군가의 잘못을 용서하고 기록조차 갖지 않겠노라 결단하는 것은 어떨까요? 하나님께 그 사람이 누구여야 하는지 여쭤보고 하나님의 음성을 듣는 시간을 가지면 어떨까요?

용서는 결단입니다. 서로를 용서하는 마음은 우리를 향하신 하나님의 기쁘신 뜻입니다. 그 뜻을 행하고자 주님의 음성에 귀 기울이고 결단하는 그대를 축복합니다.

음성 듣기 ⎯⎯⎯⎯⎯⎯⎯⎯⎯⎯⎯⎯⎯⎯⎯⎯⎯⎯⎯⎯⎯⎯⎯⎯⎯⎯

마귀가 우리를 어떻게 미혹하는지 보십시오. "하나님은 너와 함께하지 않아. 벌써 떠났지. 봐라. 네가 얼마나 기도를 많이 했니? 그런데도 너를 도와주지도 않잖아? 정신 차려!"
그러나 마귀의 속삭임에 넘어가지 않도록 정신 차리십시오. 영적 분별력이 필요합니다. 오히려 떠나지 않으셨기에 마귀가 그토록 미혹하는 것입니다.

사랑하는 그대여! 그대에게 고난은 오히려 유익입니다. "고난당한 것이 내게 유익이라 이로 말미암아 내가 주의 율례들을 배우게 되었나이다"(시 119:71).
고통은 축복이 변장한 것이라는 말이 있지요. 하나님이 고통 중에 '함께'하시기에 축복입니다. 지금의 고난이 왜 그대에게 유익인지 주님께 여쭤보세요. 주님이 들려주실 것입니다.

음성 듣기 _____

그대는 어떠한 일을 기다리고 있나요? 대체 언제쯤 이 일이 다 해결될지 몰라 지쳐 있나요? 시편 기자가 말합니다. "그가 한 사람을 앞서 보내셨음이여 요셉이 종으로 팔렸도다 그의 발은 차꼬를 차고 그의 몸은 쇠사슬에 매였으니 곧 여호와의 말씀이 응할 때까지라 그의 말씀이 그를 단련하였도다"(시 105:17-19). 여호와의 말씀이 그대의 진실을 증명하기까지 그대를 단련할 것입니다.

사랑하는 그대여! 기다림의 시간을 견뎌 내고 있는 그대를 칭찬합니다. 하나님의 말씀이 그대를 단련하는 이 시간을 귀히 여기기를 바랍니다.

음성 듣기

# 28 | 오늘 할 일

사도 바울은 "차라리 세상을 떠나서 그리스도와 함께 있는 것이 훨씬 더 좋은 일"(빌 1:23)이라고 솔직하게 밝힙니다. 그런데도 이 땅에서 계속 살아가는 이유는 "내가 육신으로 있는 것이 너희를 위하여 더 유익"(빌 1:24)하기 때문이라고 말합니다. 무엇이 유익하다는 걸까요? 바로 "믿음의 진보와 기쁨"(빌 1:25)을 말합니다. 정말 멋지지 않나요? 다른 사람들의 믿음의 진보를 돕기 위해 이 땅에 남아 있다는 것입니다. 인생의 목적에 관한 참으로 멋진 고백이 아닌가 합니다.

사랑하는 그대여! 그대가 이 땅에서 살아가는 이유는 무엇입니까? 누군가가 주는 행복감 때문일까요? 자기 만족을 위해서일까요? 그렇다면 생각을 전환하여 삶의 목표를 다시 설정해야 할 것입니다. 오히려 그대로 인해 누군가가 기쁘고 행복해야 하지 않을까요? 그대로 인해 누군가의 믿음이 진보해야 하지 않을까요? 누군가가 그대를 위해 존재하길 바라기보다 그대가 누군가를 위해 존재하기를 소망하는 것이야말로 그리스도인의 삶의 목표입니다. 자기 삶의 올바른 목표를 알고 살아가는 그대를 축복합니다!

음성 듣기

"항상 기뻐하라"(살전 5:16). 그대는 이 명령을 잘 지키고 있나요? 사실, 항상 기뻐하기가 어디 쉽던가요? 그러나 그대는 십자가의 보혈로 구원받고 영생을 얻었습니다. 그대가 받은 구원은 환경과 아무런 상관이 없고, 영생 또한 변함이 없습니다. 그러므로 그대는 어떤 상황에서도 구원의 기쁨을 항상 누릴 수가 있답니다.

사랑하는 그대여! 하나님이 그대를 구원하셨습니다. 그대는 놀라운 존재가 아닐 수 없습니다. 그러니 자기 연민은 꼭 멈추어야만 합니다. 자기 비하도 멈추세요. 그대는 영생을 받은 자로서, 기쁨을 소유한 자로서 이 땅에서 당당하게 복음을 전하고 하나님 나라의 확장을 위해 일하고 있음을 믿기 바랍니다.

음성 듣기

오늘 하루 그대는 성경을 얼마나 읽었나요? 한 구절도 읽지 않은 채 하루를 보내지는 않았는지요? 성경 읽을 시간이 없었다면, 지금이라도 성경을 펴고 단 한 줄이라도 읽기를 권면합니다. 하나님은 성경 말씀을 통하여 당신의 음성을 들려주실 때가 많습니다. 항상 그렇지 않더라도 성경을 '하나님의 뜻'을 분별하는 '음성'으로 사용하십니다. 그대가 알기 원하는 하나님의 뜻을 지금 그대가 펼친 성경에서 말씀으로 찾을 수 있습니다.

날마다 말씀을 의지하고 사랑하게 되기를 축복합니다. "모든 성경은 하나님의 감동으로 된 것으로 교훈과 책망과 바르게 함과 의로 교육하기에 유익하니 이는 하나님의 사람으로 온전하게 하며 모든 선한 일을 행할 능력을 갖추게 하려 함이라"(딤후 3:16-17).

음성 듣기

# 29 | 돌아보기

사람마다 기도의 분량이 있어서, 분량이 다 차면 하나님이 응답해 주신다고들 말합니다. 저는 기도의 분량이 차는 마지막 순간은 제 몫이 아니라는 생각이 듭니다. 누군가 저를 위해 드린 기도가 비로소 분량을 채우는 것 같습니다. 누가 우리의 기도를 해주면 하나님이 그 기도를 기쁘게 받아 주실까요? 그때 하나님의 마음에 감동이 있고 그 기도가 내가 하는 기도의 마지막 분량을 채우는 것은 아닐는지요?

오늘 그대가 선을 행하고 싶은 사람이 있나요? 그대의 선행으로 그 사람이 기뻐한다면 그는 그대를 위한 '축복기도'를 하겠지요. 그 사람이 그대에게 감사 표현할 형편이 안된다면 더더욱 간절히 축복하며 기도할 것입니다. 하나님이 대신 갚아 주시길 바라며 기도할 터이기에 "그대가 채우지 못한 기도의 마지막 분량"이 채워지는 것이죠.

그대의 기도 분량이 채워지도록 오늘 그대가 돌아볼 이웃이 누구인지 하나님의 음성을 듣는 것은 어떨까요? "잔치를 베풀거든 차라리 가난한 자들과 몸 불편한 자들과 저는 자들과 맹인들을 청하라 그리하면 그들이 갚을 것이 없으므로 네게 복이 되리니 이는 의인들의 부활시에 네가 갚음을 받겠음이라 하시더라"(눅 14:13-14).

음성 듣기 _____

어떤 사람이 바닷가에서 불가사리들이 물 밖에 나와 말라 죽어 가는 모습을 보았답니다. 그는 기진맥진해 있는 불가사리들을 하나씩 잡아 물속으로 던져 넣었습니다. 그러자 지나가던 사람이 "아이고, 어느 세월에 그 많은 불가사리를 바다로 돌려보내시나요? 참으로 어리석군요!" 하고 핀잔을 주었습니다. 그는 아랑곳하지 않고 불가사리를 계속 집어다가 바다로 던졌습니다. 그러면서 한마디 했죠. "But it matters to this!"

한 마리씩 집어다가 던지는 것이 다른 사람들에게는 비효율적이고 어리석어 보일지라도 잡히는 불가사리에게는 목숨이 달린 중요한 일이라는 뜻입니다. 모든 불가사리를 바다로 다 돌려보내진 못해도 몇 마리라도 살릴 수는 있다는 것입니다!

우리도 마찬가지입니다. 길을 잃고 헤매는 이 땅의 모든 어린 양을 다 구할 수는 없을 겁니다. 하지만 나에게 맡겨진 양들은 구할 수 있지 않을까요?

사랑하는 그대여! 그대도 삶이 고되겠지만, 더 힘든 시간을 보내는 사람은 없는지 돌아보면 좋겠습니다. 하나님께 그 '한 사람'이 누구인지 알려 달라고 하나님께 여쭈면 그대에게 음성을 들려주실 것입니다.

음성 듣기 _____

사랑하는 그대여! 매일 하나님과 동행하는 그대가 참으로 아름답습니다. 옆모습도 아름답고, 앞모습도 아름답고, 뒷모습도 아름답습니다. 자기 자신을 어루만지며 기운을 스스로 북돋우는 시간을 갖길 바랍니다.

그대에게 사랑하는 사람, 사랑할 사람이 있다는 것은 너무나도 감사한 일입니다. 그대가 매일 하는 일 중에 최고로 잘한 일은 누군가를 사랑하기로 선택한 일일 것입니다. 오늘 그대가 돌아본 이웃은 누구인가요? 단 한 사람도 돌아보지 못했다면, 잠들기 전 누군가에게 안부 문자를 보내면 어떨까요? 격려와 위로가 필요한 사람이 있는지 주님께 물어본다면 그분의 음성을 즐겁게 들려주실 것입니다.
"서로 돌아보아 사랑과 선행을 격려하며 모이기를 폐하는 어떤 사람들의 습관과 같이 하지 말고 오직 권하여 그날이 가까움을 볼수록 더욱 그리하자"(히 10:24-25).

음성 듣기

# 30 | 기도의 방향

사랑하는 그대여! 그대 마음속에 평안이 있습니까? 만약에 평안이 없다면 왜 없을까요? 하나님께 직접 여쭈는 것도 좋겠습니다. 왜냐하면 하나님은 우리가 주님의 뜻을 분별해야 할 때 '평안'이라는 도구를 사용하시기 때문입니다.

평안이 없다는 것은 아직은 좀 더 기도하며 준비해야 한다는 뜻일 것입니다. 기도의 분량이 차고 하나님의 때가 이르면, 마음에 평안이 임할 것입니다. 마음속에 '아, 이것이 하나님의 뜻이구나' 하는 확신이 생기게 되는 것이죠.

그대 마음속에 기도로 쌓은 평안이 충만하기를 축복합니다. "아무것도 염려하지 말고 다만 모든 일에 기도와 간구로, 너희 구할 것을 감사함으로 하나님께 아뢰라 그리하면 모든 지각에 뛰어난 하나님의 평강이 그리스도 예수 안에서 너희 마음과 생각을 지키시리라"(빌 4:6-7).

음성 듣기

사도 바울은 "믿음이 없이는 하나님을 기쁘시게 하지 못하나니"(히 11:6)라고 말합니다. 우리가 무엇을 위해 기도하건 간에 중요한 것은 과연 하나님을 기쁘시게 하는가의 문제입니다. 바로 이것이 관건이죠.

그렇다면 무엇으로 하나님을 기쁘시게 할 수 있을까요? 현실적으로나 이성적으로나 안 되는 걸 알면서도 약해지지 않는 믿음을 기뻐하시지 않을까요? 일이 안 될 줄 알면서도, 하나님을 향한 믿음이 약해지지 않는 그대는 복이 있습니다. 우리 삶에 알고도 안 되는 일이 얼마나 많은지요. 그러나 그런 일이 많으면 많을수록 오히려 하나님께 기쁨이 될 기회가 그만큼 많다는 뜻이잖아요. 어떻게 생각하고 해석하는가는 선택의 문제입니다.

사랑하는 그대여! 하나님이 그대에게 원하시는 믿음은 무엇일까요? 누가 봐도 분명히 안 될 일, 현실적으로 안 될 게 뻔한 일인데도 놓지 않는 믿음, 약해지지 않는 믿음이 아닐까요? 그것은 그대의 선택에 달렸습니다. "그가 하나님이 능히 이삭을 죽은 자 가운데서 다시 살리실 줄로 생각한지라 비유컨대 그를 죽은 자 가운데서 도로 받은 것이니라"(히 11:19).

음성 듣기

오늘 하루 어떠셨나요? 종일 이리저리 채이고 다니느라 마음이 멍들고 패이고 구겨졌을지라도 걱정하지 마세요.

창의력(creativity)의 근원이신 하나님은 쓰레기통 속에서도 장미꽃을 피워 내시는 분입니다. 하나님은 늘 그대에게 새 기쁨과 새 소망을 주실 수 있습니다. 그대를 향한 계획이 많으셔요. 하나의 계획이 좌절되어도 다른 하나, 또 다른 하나를 계속해서 내놓으며 그대를 끝까지 인도하여 주십니다. 그대를 포기할 줄 모르시죠. 그러니 그대도 그대를 포기하지 않기를 바랍니다.

'너는 쓸모없는 존재야'라고 속삭이는 마귀에게 속지 마세요. 마귀는 창의력이 없습니다. 늘 똑같은 짓을 반복합니다. 유혹하고 참소하고 저주할 것입니다. 그 거짓에 맞서 "나사렛 예수의 이름으로 명하노니 나를 향한 거짓된 영들은 떠나가라!"라고 외치세요.

사랑하는 그대여! 그대는 오늘도 하나님의 진한 기억 가운데 하루를 보냈다는 것을 잊지 마시기 바랍니다! "내가 너를 내 손바닥에 새겼고 너의 성벽이 항상 내 앞에 있나니"(사 49:16).

음성 듣기

# 31 | 걱정 대신 기도

혹시 미래에 대한 두려움과 걱정 근심으로 하루를 시작했나요? 사람들은 걱정을 신용 카드처럼 쓰는 경향이 있습니다. 지출부 터 하고 나중에 갚듯이 일이 닥치기도 전에 걱정합니다.

그런데 걱정은 어디서 나올까요? 대개 인생을 자기 뜻과 계획 에 따라 마음대로 조절하고 싶어 하는 욕심에서 나옵니다. '내 뜻대로 안 되면 어떡하지? 계획한 대로 안 되면 큰일인데' 하는 생각들이 앞설 때 걱정합니다. 하나님이 계셔야 할 자리를 내가 차지하고 앉아 좌지우지하려고 한다는 뜻이기에 섣부른 걱정은 경계해야 합니다.

하나님은 그대의 앞날을 이미 내다보고 계십니다. 완전한 계 획 가운데 그대를 인도하고 계시는데, 미리 걱정한다는 것은 믿음이 부족하다는 뜻이겠죠. 그래서 하나님은 우리가 걱정하 는 것을 싫어하십니다. 걱정하는 대신에 하나님께 이렇게 기 도하면 어떨까요? "주님, 저는 모르지만 저의 내일을 아시는 하 나님을 알게 하시니 감사합니다. 저보다 저를 더 잘 아시고, 제 가 세울 수 있는 어떤 계획보다도 완전한 계획으로 저를 인도하 시니 감사합니다!" 하나님의 음성을 기다려 보세요. 하나님이 그대에게 무어라고 말씀하실까요? "너희 염려를 다 주께 맡기라 이는 그가 너희를 돌보심이라"(벧전 5:7).

음성 듣기 _____

하나님이 그대와 함께하심을 다른 사람들에게 보여 주고, 가르쳐 주는 것은 거룩한 임무라고 할 수 있겠죠? 힘든 상황에서도 평안함을 유지하는 그대를 보고 사람들은 "어떻게 이 상황에서도 편안해 보이지?" 하고 묻겠죠. 이럴 때 하나님이 그대와 함께하시며 그대를 위로하고 힘 주신다는 사실을 알려 줄 수 있을 것입니다. 그대 삶에 일어나는 모든 일은 하나님이 어떤 분이신가를 증거하는 기회가 될 수 있습니다.

사랑하는 그대여! 지금 힘든 일을 겪고 있나요? 오히려 이 일이 하나님이 그대와 동행하심을 이웃들에게 보여 줄 좋은 기회라고 생각해 보셨는지요? 그대가 이 기회를 잘 활용할 수 있도록 하나님이 도와주시지 않을까요?

지금 이 시간 하나님의 음성에 귀 기울이면 어떨까요? 하나님은 그대가 생각하지 못한 지혜를 알려 주실 것입니다. "너희 중에 누구든지 지혜가 부족하거든 모든 사람에게 후히 주시고 꾸짖지 아니하시는 하나님께 구하라 그리하면 주시리라"(약 1:5).

음성 듣기 _____

성경은 언젠가는 이 땅에 종말이 닥칠 것이라고 분명히 기록하고 있습니다. 그런데 아직 종말이 오지 않은 이유는 딱 한 가지일 것입니다. 하나님이 더 많은 사람을 구원하길 원하시기 때문이죠.

종말에 예수님의 십자가 죽음과 부활을 믿지 않는 사람들은 결국 심판대에 서게 될 것입니다. 그들이 갈 곳은 불 못, 곧 지옥이란 곳이죠. 사람들은 지옥이라는 말을 듣기 싫어합니다. 저도 지옥은 별로 입에 올리고 싶지 않습니다. 그보다는 천국에 관해서 더 말하고 싶지요. 하지만 그렇다고 해서 지옥이 없다는 뜻은 아닙니다. 지옥은 분명히 있습니다.

사랑하는 그대여! 사랑하는 사람이 불 못에 들어가는 모습은 상상하기도 너무 끔찍하지 않습니까? 그것만큼은 막고 싶잖아요. 하나님은 "아무도 멸망하지 아니하고 다 회개하기에 이르기를"(벧후 3:9) 원하십니다. 지금 이 시간, 주님의 마음을 품고, 누구의 구원을 위해 기도해야 할지 여쭤보고 그분의 음성을 듣는 것이 어떨까요?

음성 듣기

# 32 | 기쁨의 근원

사랑하는 그대여! 주변을 돌아보다 보면, 왠지 비교되어 힘 빠질 때가 있나요? '나는 가진 것이 없는데, 왜 저 사람은 많이 가졌을까?' '나는 왜 건강하지 않을까?' 하고 말이에요.

그러나 성경은 "여호와로 인하여 기뻐하는 것이 너희의 힘"(느 8:10)이라고 말합니다. 많이 가졌거나 많이 누려서 기뻐하는 것이 아니라 여호와로 인하여 기뻐할 줄 아는 것이야말로 우리의 힘입니다. 그대가 여호와로 인하여 기뻐함으로써 힘을 얻기를 축복합니다.

그래도 계속 우울하다면, 대적 기도를 해 보세요. "나사렛 예수 그리스도의 이름으로 명령하노니 나에게 우울한 마음을 가져다주는 나쁜 영은 떠나갈지어다! 자기 연민, 자기 비하, 자괴감 등 부정적인 감정들로 나를 조종하려는 악한 영은 나에게서 떠나갈지어다!"

대적 기도를 하고 나니 무엇이 달라졌나요? 주님의 음성이 들리나요? 승리자의 자세로 하루하루를 시작하는 그대를 축복합니다! "무릇 하나님께로부터 난 자마다 세상을 이기느니라 세상을 이기는 승리는 이것이니 우리의 믿음이니라"(요일 5:4).

음성 듣기 _____

사랑하는 그대여! 그대와 내가 "사랑하는 딸, 사랑하는 아들"로 불리기까지 누군가 우리를 위해 희생했다는 사실을 알아야 합니다. 바로 '예수 그리스도'이십니다. 그분이 그대와 나의 죄를 대신 짊어지시고, 십자가에 못 박혀 돌아가신 후 부활하셨습니다. 그 덕분에 우리가 이 귀한 구원을 얻었는데, 쉽게 내버려서는 안 되겠지요? 삶이 어려운데 죽음인들 쉽겠습니까?

아무리 힘들어도 예수님이 그대를 위해 십자가에서 겪으신 고통보다 더하겠습니까? 예수님은 그대를 위해 오셔서 그대처럼 사셨고, 그대를 위해 십자가에서 죽으셨고, 그대를 위해 다시 살아나셨습니다.

하나님께 왜 이토록 나를 사랑하시느냐고 여쭤보세요. 주님이 말씀하시는 것을 듣게 될 것입니다. "내가 그리스도와 함께 십자가에 못 박혔나니 그런즉 이제는 내가 사는 것이 아니요 오직 내 안에 그리스도께서 사시는 것이라 이제 내가 육체 가운데 사는 것은 나를 사랑하사 나를 위하여 자기 자신을 버리신 하나님의 아들을 믿는 믿음 안에서 사는 것이라"(갈 2:20).

음성 듣기

사랑하는 그대여!

오늘은 어떻게 하루를 마쳤는지요? 생각하기도 싫을 만큼 힘들었나요? 사도행전에 나오는 스데반은 돌에 맞아 죽기 전에 성령 충만하여 하늘을 우러러 봤을 때 기쁨이 충만한 모습이었다고 합니다. 스데반이 그럴 수 있었던 비결은 무엇일까요? 그에게는 영광의 하나님과 하나님 우편에 서 계신 예수님을 볼 수 있는 영안이 있었기 때문이지요.

예수님께 온전히 집중하는 저녁 시간이 되길 바랍니다. 하나님은 내일 또 새로운 은혜를 준비해 두신답니다. 그 하나님을 기대하며 보낸 그대의 오늘은 승리한 날이랍니다.

"믿음의 주요 또 온전하게 하시는 이인 예수를 바라보자 그는 그 앞에 있는 기쁨을 위하여 십자가를 참으사 부끄러움을 개의치 아니하시더니 하나님 보좌 우편에 앉으셨느니라"(히 12:2).

# 33 | 하나님의 뜻

하나님을 사랑하는 사람은 누구나 하나님의 뜻에 순종하고 싶어 합니다. 오늘 그대를 향한 하나님의 뜻은 무엇일까요? 성경은 "항상 기뻐하라 쉬지 말고 기도하라 범사에 감사하라 이것이 그리스도 예수 안에서 너희를 향하신 하나님의 뜻이니라"(살전 5:16-18)라고 분명히 밝힙니다. 이처럼 성경을 통해 밝히 드러난 하나님의 뜻이 있는가 하면, 개개인이 살아가면서 찾아야 하는 하나님의 뜻이 있는 것 같습니다. 그러나 성경에 밝혀진 뜻을 매일 충실하게 행한다면, 그대를 향한 하나님의 뜻을 헤아리기는 어렵지 않을 것입니다.

그대 오늘 기쁜가요? 그대 오늘 기도하고 있나요? 그대 오늘 감사하나요? 하나님이 기뻐하시는 뜻을 잘 지켜 행하는 그대를 축복합니다.

음성 듣기 _____

사랑하는 그대여! 어려운 환경을 극복하고 힘든 상황을 이겨 낼 비결이 있습니까? 자기 자신에게 집중하지 않는 것입니다. 다시 말하겠습니다. 절대로 자신에게 집중해선 안 됩니다. 내게 없는 것, 내가 갖지 못한 것, 내가 받은 상처, 내가 겪은 억울함 등등 나, 나, 나, 나, 나를 향한 모든 시선을 거두십시오. 시선을 돌려 예수님께 고정하시고 그분을 주목하십시오.

우리가 겪는 어려움은 자신을 향한 지나친 관심에서 비롯된다는 사실을 알아야 합니다. 우리는 죽어도 주를 위하여 죽고, 살아도 주를 위하여 살고, 상처를 받아도 주를 위하여 받고, 위로를 받아도 주를 위하여 받아야 합니다. 자기 자신에게서 벗어나야 합니다.

죽음과 같은 상황에서 가장 빨리 벗어나는 길은 자신을 향한 시선을 거두는 것입니다. 그대의 부족함에서 눈을 떼고, 그대의 잘남에서도 눈을 떼십시오. 자신을 향하던 시선을 거두어 오직 예수, 예수님만 바라보는 것이 가장 빠른 길입니다. "우리가 살아도 주를 위하여 살고 죽어도 주를 위하여 죽나니 그러므로 사나 죽으나 우리가 주의 것이로다"(롬 14:8).

음성 듣기

사랑하는 그대여! 오늘 그대는 어디에 있습니까? 혹시 무덤 속인가요? 무덤은 아니었으면 합니다.

아무도 내 마음을 알아주지 않고 돌보지 않아서 막막하고 외롭다면, 되는 일이 하나도 없어서 허무함에 빠져 있다면, 마음속이 무덤 속과 같을 것입니다.

그러나 하나님이 말씀하십니다. "사랑하는 내 아들아, 사랑하는 내 딸아! 네가 무덤 속에 있느냐? 내가 너를 불러 그 속에서 나오게 하리라. 너는 나 여호와 하나님을 부르라. 나는 무덤에서 너를 건지는 하나님이라." 이러한 하나님의 음성이 그대의 마음에 들려오기를 축복합니다.

"이 말씀을 하시고 큰 소리로 나사로야 나오라 부르시니 죽은 자가 수족을 베로 동인 채로 나오는데 그 얼굴은 수건에 싸였더라 예수께서 이르시되 풀어놓아 다니게 하라 하시니라"(요 11:43-44).

음성 듣기

# 34 | 기대

사랑하는 그대여! 어제께 어떠한 일이 있었든지 간에 감사할 것은 오늘은 '새날'이라는 것입니다. "이전 것은 지나갔으니 보라 새것이 되었도다"(고후 5:17).

주님은 그대에게 새날, 새 소망, 새 기쁨, 새 감사 그리고 새로운 기대를 주십니다. 그러나 사람을 향해 기대하지는 마세요. 사람은 기대할 대상이 아니라 사랑할 대상이기 때문이지요. 우리는 사랑할 대상이 너무나 많은 복된 삶을 살고 있습니다.
기대는 언제나 하나님을 향해야 합니다. 하나님이 그대에게 새힘을 주실 것입니다. 사람을 향한 모든 기대를 내려놓는 대신에 하나님을 향한 기대를 더욱 높이고 더욱 넓혀서 멋진 하루를 살아가는 그대가 되기를 축복합니다.

음성 듣기

사랑하는 그대여! 사도 바울은 디모데에게 쓴 편지에서 집사의 자격에 관해 이렇게 말했습니다. "집사들도 정중하고 일구이언을 하지 아니하고 술에 인박히지 아니하고 더러운 이를 탐하지 아니하고"(딤전 3:8).

여기서 "더러운 이"란 무엇일까요? 영어 성경(NIV)은 "dishonest gain"로 번역했는데, '부정직한 이득'이란 뜻입니다. 즉 돈을 더 많이 벌 수만 있다면, 하나님이 싫어하실 일도 서슴지 않고 하는 것이 더러운 이를 탐하는 것이겠지요. 물질이나 돈을 사랑하는 마음이 하나님을 사랑하는 마음보다 앞서서 그렇습니다. 그대 마음속에 더러운 이를 탐하느라 하나님께 온전히 순종하지 못하는 부분은 없는지 돌아보면 좋겠습니다. 하나님의 말씀에 불순종하고 더러운 이를 갖는 것과 순종으로 하나님이 주시는 기쁨을 얻는 것 사이에는 '부요함'에 대한 엄청난 차이가 있습니다.

사랑하는 그대여, 이 시간 주님께 이렇게 여쭤보면 어떨까요? "주님, 제가 더러운 이를 탐하는 마음이 있다면 깨달아 알게 해 주십시오. 제가 주의 음성을 듣겠나이다!" 하나님의 음성을 듣고 그대로 순종하는 그대를 축복합니다.

음성 듣기

하나님이 우리를 말씀으로 훈련시키시고, 영적 전쟁에서 이기는 연습을 시키시는 과정은 하나님의 자녀 된 이들의 특권입니다. 아무런 위기도 절정도 없는 드라마라면 매일 챙겨 볼까요? 위기나 절정이 있어야 다음 시간이 기다려지지 않을까요? 사랑하는 그대여! 그대는 그대 인생 드라마의 주인공이라는 사실을 알고 있죠? 그대의 하루가 하늘에서 천사들이 즐겨 보는 드라마라고 상상해 보세요. 저는 가끔 내가 주인공인 드라마를 천사들이 얼마나 재밌게 볼까 상상합니다.

그대 삶에 힘든 일이 있을 수 있습니다. 하나님이 그대를 사랑하시기 때문에 오늘도 허락하시는 위기와 절정이 있습니다. 어떤 날은 재정, 어떤 날은 건강, 또 어떤 날은 사람들과의 관계처럼 위기는 매일 바뀔 수 있습니다. 그러나 그 모든 상황을 뛰어넘는 하나님의 은혜와 능력과 돌보심이 그대와 함께한다는 것을 꼭 기억하길 바랍니다.

결론은 언제나 하나, 하나님은 그대를 사랑하십니다. 하나님이 그대에게 일어나는 모든 일을 허락하셨다는 사실을 믿고, 오늘도 신실하신 사랑의 주님과 동행하기를 축복합니다. "하나님을 사랑하는 자 곧 그의 뜻대로 부르심을 입은 자들에게는 모든 것이 합력하여 선을 이루느니라"(롬 8:28).

음성 듣기 _____

# 35 | 통로

감사는 모든 일에 승리를 가져다줍니다. 감사는 곧 '승리'입니다. 감사할 수 있다면, 어떤 환경이나 조건도 정복한 셈입니다. 사람의 본분은 하나님께 영광을 올려 드리는 것입니다. 하나님은 "감사로 제사를 드리는 자가 나를 영화롭게"(시 50:23) 한다고 말씀하십니다.

사랑하는 그대여! 하루 동안 그대가 선한 일을 통해 하나님께 감사로 제사를 드릴 기회가 얼마든지 있습니다. 회사에서 상사나 부하 직원이나 동료, 학교에서 선생님과 친구들, 가정에서 가족들, 교회에서 공동체 식구들을 돌아보면 그대가 할 수 있는 감사의 선행이 금방 떠오를 것입니다. 위로와 격려의 문자 한 통이라도 좋습니다. 누구에게 보낼지는 주님께 여쭤보면 좋겠지요? 작은 선행을 통해 감사로 제사를 드리는 하루가 되기를 축복합니다.

음성 듣기

우리 삶의 목표가 무엇입니까? 하나님을 기쁘시게 하는 것 아닌가요? 그런데 하나님이 언제 기뻐하십니까? '가난한 자들을 돌아보는 선한 마음'을 기뻐하십니다. 바로 하나님의 마음이기 때문입니다.

주변을 돌아보세요. 그대의 도움을 필요로 하는 사람들이 많을 것입니다. 그들을 위해 기도하는 것부터 하나님께 기쁨이 됩니다. 반대로 그대가 누군가의 도움을 필요로 할 때도 있을 것입니다. 그 또한 그대가 '축복의 통로'가 되는 기회입니다. 누군가가 그대를 도움으로써 하나님을 기쁘시게 할 수 있기 때문이지요.

이처럼 도움을 주는 사람은 줄 수 있어서 감사하고, 도움을 받는 사람은 받음으로써 주는 사람의 축복의 통로가 되는 역할을 하는 것이니 얼마나 감사한지요. 우리 삶은 이래도 감사, 저래도 감사입니다. 감사로 제사를 드려서 하나님을 영화롭게 하는 그대가 되기를 축복합니다. "땅에는 언제든지 가난한 자가 그치지 아니하겠으므로 내가 네게 명령하여 이르노니 너는 반드시 네 땅 안에 네 형제 중 곤란한 자와 궁핍한 자에게 네 손을 펼지니라"(신 15:11).

음성 듣기

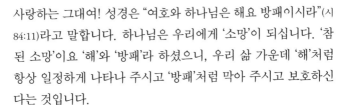

사랑하는 그대여! 성경은 "여호와 하나님은 해요 방패이시라"(시 84:11)라고 말합니다. 하나님은 우리에게 '소망'이 되십니다. '참된 소망'이요 '해'와 '방패'라 하셨으니, 우리 삶 가운데 '해'처럼 항상 일정하게 나타나 주시고 '방패'처럼 막아 주시고 보호하신다는 것입니다.

하나님께서 오늘 그대를 도와주실 것입니다. 보호하여 주실 것입니다. 함께하여 주실 것입니다. 인도하여 주실 것입니다. 그런 하나님을 만나는 그대는 복되지 않을 수 없습니다. 하나님이 그대에게는 무어라고 말씀하시나요? 저는 그대들에게 이렇게 말씀하시는 주님의 음성을 듣습니다.

"사랑하는 나의 백성, 나의 아들 딸들아! 네 마음속에 '견고함'이 필요함이라. '견고함'을 가지고 내 앞에서 네 믿음을 지키도록 힘쓸지니라. 아무도 네 면류관을 앗아가지 못하게 힘쓸지니라. 사랑하는 나의 백성들아, 너희 수고는 절대로 헛된 것이 없음이라. 헛된 것이 없다는 나의 말을 믿을지니라. 나 여호와 하나님이 네게 상을 주리라. 너는 사람을 섬기지 말고 여호와 하나님을 섬기라. 끝까지 믿음을 지켜서 여호와만 섬기는 네가 될지니라!"

음성 듣기 _____

# 36 | 주목

사랑하는 그대여! 하나님이 오늘도 그대를 사랑하시고, 아침마다 예배하는 그대에게 눈길이 집중되어 있음을 기억하면 참 좋겠습니다. 하나님이 오늘도 그대를 인도하시며 말씀하십니다. 하나님의 음성에 민감한 그대가 되기를 축복합니다.

하나님은 항상 똑같은 방법으로 우리를 인도하시는 분이 아님을 아는 것은 중요합니다. 하나님이 그대를 인도하시는 방법이 조금씩 다른 것은 하나님이 그대의 주목(attention)을 끌기 위하심입니다. 하나님께 시선을 집중해야 하나님께서 이 방법, 저 방법으로 바꾸실 때도 그대가 알아차릴 수 있습니다. 이것이 바로 하나님이 원하시는 것입니다.

"너 오늘 내가 이렇게 말했는데 알아들었니?" 하시고 다음날 바꾸실 수 있겠죠. "너 오늘은 내가 이렇게 말하는데 이 말도 알아듣고 있니?"라고 말입니다. 바로 이것이 그대가 하나님의 음성에 초점을 맞추기를 하나님이 원하시는 이유입니다. 끊임없이 그대의 마음을 다하는 그 자세를 하나님께서 원하십니다. 오늘도 그대의 시선이 주님으로부터 절대로 멀어지지 않기를 축복합니다.

음성 듣기

오늘 그대는 우울한 마음에 계속 주저앉아 있나요? 하나님은 그대에게 어떤 말을 하고 싶어 하실까요? 제가 들은 하나님의 음성을 그대에게 전합니다.

"사랑하는 나의 백성아, 왜 그렇게 우울하느냐? 너는 깨어서 기도할지니라. 우울해하지 말고 깨어서 기도할지니라. 내가 너를 살릴 수 있음이라. 내가 너를 일으킬 수 있음이라. 내가 너와 동행하고 있음을 너는 믿어야 할지니라. 나를 기뻐하는 것이 너의 힘인 것을 너는 믿어야 할지니라. 사랑하는 나의 백성아, 나 여호와를 기뻐하라. 너는 너에게 구원을 베푸신 여호와를 기뻐할지니라. 너를 버리지 아니할 것이고 너를 모른다고 하지 아니할 터이니, 걱정하지 말고 믿음을 갖고 나를 따라오라. 푸른 초장과 쉴 만한 물가로 인도하는 선한 목자이니라."

사랑하는 그대여! 오늘도 그대를 인도하시고 변함없이 사랑하시는 하나님을 믿으면서 하루를 힘차게 살아가기를 축복합니다!

음성 듣기

먼저 믿은 사람으로서 그대의 부모와 형제자매, 친인척, 친구, 지인 등 모든 사람이 하나님을 잘 믿으면 얼마나 좋을까요? 모든 믿는 자의 기도 제목이 아닐 수 없습니다. 그들이 하나님께로 돌아오기를 바라는 마음이 간절합니다. 하지만 아무리 기도해도 돌아올 기미가 보이지 않으면 포기하고 싶어집니다.

사랑하는 그대여!
절대로 포기하면 안 됩니다. 하나님이 포기하시지 않기 때문입니다. 예언된 종말이 아직 오지 않은 것만 봐도 알지 않습니까? 하나님은 포기하시지 않습니다. 그러니 사랑하는 이들을 위한 기도를 절대로 포기하지 않는 그대 되기를 축복합니다. 포기하지 않는 그대의 기도는 반드시 응답될 것입니다.

음성 듣기

# 37 | 내려놓기

"예수께서 베다니 나병환자 시몬의 집에서 식사하실 때에 한 여자가 매우 값진 향유 곧 순전한 나드 한 옥합을 가지고 와서 그 옥합을 깨뜨려 예수의 머리에"(막 14:3) 부은 사건은 유명합니다. 옥합에는 아주 비싼 향유가 들어 있었지요.

그대에게 향유는 무엇일까요? 어떤 사람에게는 공부일 수 있고, 또 어떤 사람에게는 재물일 수 있습니다. 하나님 앞에서 옥합을 깨뜨려 드리는 향유 중 제일은 바로 '마음'인 것 같습니다. 곧 '마음의 중심'이 중요하다는 것입니다.

사랑하는 그대여! 우리는 질그릇입니다. 보배로우신 예수님을 담은 질그릇입니다. 그 덕분에 우리가 보배로워졌습니다. 하나님을 향한 우리의 사랑 이야기가 하나님의 자랑이 되면 좋겠습니다. 오늘 그대는 하나님께 어떤 사랑 고백을 하고 싶으신가요? 그대의 사랑 고백에 하나님이 어떠한 음성을 들려주실지 기대되지 않나요? 하나님의 사랑 고백을 듣고 집을 나서는 그대, 그 무엇이 두려울까요?

음성 듣기

우리는 때로 하나님보다 더 사랑하는 것이 있어서 하나님의 뜻을 행하지 못하기도 합니다. "그 일은 못 하겠습니다. 하던 일이 있는데 못 하지요", "거기는 못 가겠습니다. 이 사람을 두고는 못 가지요"라고 합니다.

사실 나를 필요로 하고, 내가 필요로 하는 사람들을 떠나 하나님이 가라고 하신 곳으로 선뜻 떠나기란 쉽지 않습니다. 그 마음을 주님이 왜 모르시겠습니까? 그마저도 하나님께 올려 드리세요. 그대가 하나님의 뜻을 온전히 행할 수 있도록 길을 열어 주시고, 만나야 할 사람을 만나게 해 주실 것입니다.

사랑하는 그대여! 그대는 누구를 떠나야 하나요? 어디로 가야 하나요? 하나님이 그대를 도와주실 것입니다. 그대가 하나님의 뜻에 순종하기 위해 자기 자신을 얼마나 가다듬고 추스르는지를 주님이 알고 계십니다. 그것이 하나님을 향한 극진한 사랑임을 아십니다. "하나님! 제가 모든 것 내려놓고 하나님 뜻에 순종하기를 원합니다!"

하나님이 아십니다. 그러니 아무것도 걱정하지 말고, 기도로 나아가십시오. 하나님이 인도하시는 길로 들어서는 그대를 축복합니다.

음성 듣기

예수님이 십자가에서 돌아가시자 시신을 동산의 새 무덤으로 옮겼지요. 안식일 후에 막달라 마리아가 이른 아침에 서둘러 무덤을 찾았을 때, 놀라운 광경을 목격했습니다. 무덤 문을 막고 있던 돌이 옮겨져 있던 것입니다(요 20:1). 꽤 큰 돌이었을 텐데, 하나님이 이미 옮겨 놓으셨던 것이죠.

우리 하나님이 하시는 일이 바로 그러합니다. 앞서가셔서 미리 준비해 두십니다. 완전한 계획으로 모든 것을 예비하시는 분입니다. 우리는 이것을 믿어야만 합니다. 느끼는 것이 아니라 믿어야 합니다. 그대는 절대 혼자가 아닙니다. 그대를 반드시 도와주실 것입니다. 새 힘 주시며 새 능력을 주실 것입니다. 주님은 그대보다 먼저 가 계십니다. 그곳에서 그대를 기다리고 계십니다.

음성 듣기

# 38 | 소유

어딘가 설교를 하러 갔을 때였습니다. 사람들이 많이 모여 있지 않아서 주님께 "주님, 오늘 사람들이 별로 없네요"라고 스치듯 말했습니다. 그때 주님이 바로 음성을 들려주시더군요. "유니스야(유니스는 제 미국 이름), 나는 너 하나로 족하단다!" 주님의 그 음성에 저는 설교도 하기 전에 울컥했답니다.

그대는 주님의 음성이 무어라고 생각하는지요? 요한복음 8장 32절에는 "진리를 알지니 진리가 너희를 자유롭게 하리라"고 말씀하셨지요. 우리로 하여금 자유롭지 못한 삶의 영역에서 그대를 자유하게 해 주시는 주님의 음성 아닐까요.

하나님이 우리를 사랑하심이 '진리'입니다. 우리들의 마음에 그 진리가 깨달아질 때 우리의 많은 삶의 영역에서 '자유함'을 주지요. 혼자라는 생각, 무슨 일이든 잘해야만 한다는 생각, 사람들에게 사랑과 칭찬을 받아야만 한다는 생각, 그 모든 생각들은 "나는 너 하나로 족하단다"는 음성을 들으면 자연스럽게 자유하게 됩니다. 오늘 그대는 어떤 '진리'의 깨달음이 필요할까요? 진리 되신 주님과 대화하기를 원하는 그대를 축복합니다!

음성 듣기 _____

우리는 내 것이라면, 잘 챙길 뿐 아니라 책임지고 싶어하지 않나요? "야곱아 너를 창조하신 여호와께서 지금 말씀하시느니라 이스라엘아 너를 지으신 이가 말씀하시느니라 너는 두려워하지 말라 내가 너를 구속하였고 내가 너를 지명하여 불렀나니 너는 내 것이라"(사 43:1).

사랑하는 그대여! 하나님이 그대를 지명하여 "너는 내 것이라"라고 말씀하십니다. 엄청난 사랑 고백이 아닐 수 없습니다. 그대는 하나님의 것입니다. 하나님이 그대를 책임져 주실 것입니다. 하나님이 그대를 지명하여 부르셨고, 책임지겠다 하셨으니 그대는 하나님과 동행하기만 하면 됩니다. 오늘도 하나님과 동행하는 그대를 축복합니다.

음성 듣기

동일한 성령님을 마음에 모시고 있는 우리는 삶의 목표 또한 동일합니다. 바로 '하나님의 이름을 영화롭게 하는 것'이죠. 이런 것을 공통분모라고 합니다. 즉 그대와 나의 삶은 다른 사람에게 하나님이 누구이시며 예수 그리스도께서 우리를 위해 어떤 일을 하셨는지를 전하고 증거하는 통로가 되어야 한다는 뜻입니다.

선교사나 목사만이 통로의 역할을 하는 것은 아닙니다. 재물이 있는 사람은 헌금이나 후원금으로, 봉사자는 봉사로써 복음 전파에 동참합니다. 하나님을 모르던 이웃이 그대의 도움을 받고 하나님의 선하심을 알게 되고, 나도 이 사람이 믿는 하나님을 알아봐야겠다고 한다면 얼마나 감사할까요?

사랑하는 그대여! 복음의 통로로 사는 사람의 삶은 기승전 복음 전파로 이어지기 마련입니다. 하나님은 그대가 누구에게 '복음의 통로'가 되어 주길 원하실까요?, 어떻게 해야 '복음의 통로'가 될 수 있을까요? 하나님께 여쭤보면 누구에게 복음을 어떻게 증거할지 친히 알려 주실 것입니다. 주님의 가르침에 그대로 순종하는 그대, 하나님의 기쁨입니다.

음성 듣기 _____

# 39 | 신뢰

하나님은 "너희를 향한 나의 생각을 내가 아나니 평안이요 재앙이 아니니라 너희에게 미래와 희망을 주는 것이니라"(렘 29:11)라고 말씀하십니다. 여기서 "나의 생각"을 영어 성경(NIV)은 "the plans I have for you"라고 번역했습니다. 그러니까 우리를 향한 "계획들"(plans)이 있으시다는 뜻입니다. 즉 하나가 안 되면, 그다음 계획으로 넘어가신다는 것이죠. 그래서 저는 하나님은 항상 우리에게 다시 한 번의 기회(second chance)를 주시는 분이라고 믿습니다.

저는 예전에 15년 넘게 코스타 강사를 하면서 많은 젊은이를 만났습니다. 고민 상담을 많이 해 주었는데, 과거에 지은 죄 때문에 고민하는 이들이 많았습니다. 낙망한 심정으로 "하나님이 저 같은 죄인도 사용해 주실까요? 저 같은 사람도 하나님이 쓰시는 그릇이 될 수 있을까요?"라고 묻곤 했습니다. 그때마다 저는 "하나님은 쓰레기통 속에서도 장미꽃을 피우시는 분"이라고 말해 주곤 했지요.

사랑하는 그대여! 하나님은 그대를 향해 '완전한 계획'을 세워 두셨습니다. 그리고 그 계획을 이루기 위해 오늘도 성실하게 일하고 계십니다. 오늘 그대가 해야 할 일은 이 하나님을 믿고 따라가는 것뿐입니다.

음성 듣기

세상을 살면서 거듭 깨닫는 것은 인간관계에는 지혜가 반드시 필요하다는 것입니다. 우선, 모든 사람을 똑같이 대할 수 없다는 사실부터 인정해야 합니다. 사람마다 성향이 제각각이니 필요도 다를 수밖에 없지요. 재정 지원이 필요한 사람, 격려가 필요한 사람, 칭찬이 필요한 사람도 있습니다. 그런데 이를 몰라서 권면해야 할 사람에게 경고하고, 책망할 사람에게 칭찬한다면 뒤죽박죽 엉망진창이 되겠지요.

"누구든지 너로 억지로 오 리를 가게 하거든 그 사람과 십 리를 동행"(마 5:41)하라는 말씀이 있습니다. 그런데 누가 오 리를 가게 하지도 않았는데 십 리, 십오 리, 백 리를 가다가 나중에는 힘들어 "내가 너를 이만큼 도와줬는데, 너는 나한테 왜 그러니?" 하고 서운해하는 사람이 있습니다. 예수님은 남을 도울 때 도저히 할 수 없을 때까지 도우라고 하시지는 않았습니다.

그대도 힘에 부칠 정도로 사람들을 돕다가 지레 지치지 마세요. 선하게 사는 것이 중요하지만, 성경적으로 사는 것이 더 중요합니다. 하나님이 도우라고 하시는 데까지 도와주려면 하나님의 음성을 들을 줄 알아야 합니다. 그 사람을 언제까지 얼마큼 도와주어야 하는지 주님께 여쭤보고 그분의 음성을 듣는 시간을 가지면 좋겠습니다.

음성 듣기 _____

고(故) 테레사 수녀는 살면서 하나님의 임재보다는 부재를 더 많이 느꼈다고 고백했다고 합니다. 하지만 저는 하나님의 부재보다는 임재를 훨씬 더 많이 느끼며 살아온 것 같습니다. 테레사 수녀보다 더 약한 사람이기에 하나님이 임재 경험을 더 많이 허락하신 건 아닐까 생각하지만, 중요한 것은 우리가 하나님의 임재를 느끼건 부재를 느끼건 상관없이 하나님의 뜻은 우리 삶 가운데 있다는 것입니다.

그러므로 하나님의 부재를 의심하기보다는 임재를 기대하는 쪽이 더 지혜롭지 않나 생각합니다. 그대가 간절히 기도해 온 것이 오늘 이루어지지 않더라도 조금 더 인내하며 더욱더 기대하는 것이 어떨까요? 하나님의 선하심을 기대하기에 기다림의 시간을 견딜 수 있고, 온전한 뜻으로 인도하고 계심을 신뢰할 수 있습니다.

사랑하는 그대여! 하나님을 신뢰하는 그대가 되기를 축복합니다. 하나님은 그대를 잊지 않으셨습니다. 그대는 조급해 하는 마음을 멈추고 주님을 향한 믿음을 더 갖게 해 달라고 기도하는 것은 어떨까요?

음성 듣기 _____

# 40 | 맡겨 드림

사랑하는 그대여! 우리를 보며 기뻐서 어쩔 줄 몰라 하시는 하나님의 모습을 상상할 수 있나요? "너의 하나님 여호와가 너의 가운데에 계시니 그는 구원을 베푸실 전능자이시라 그가 너로 말미암아 기쁨을 이기지 못하시며 너를 잠잠히 사랑하시며 너로 말미암아 즐거이 부르며 기뻐하시리라 하리라"(습 3:17).

누군가를 사랑하면, 그 사람을 기쁘게 하고 싶어집니다. 저는 제가 하는 모든 일을 하나님이 기뻐해 주시면 좋겠습니다. 때로 마음을 어렵게 하는 사람을 만나면 저는 이렇게 기도합니다. "주님, 저 사람이 제 마음을 어렵게 하는데 제가 어떤 마음으로 대해야 주님이 기쁘실까요? 오늘 저는 여러 사람을 만나야 하는데 어떤 사람을 만나면 더 기뻐하실까요?"

그대 마음을 어렵게 하는 사람을 향하여 어떤 마음을 가져야 하나님이 기뻐하실지 여쭤보는 시간을 가지세요. 하나님의 음성이 들려올 것 같습니다. 그렇게 하나님의 음성을 듣는 습관을 들이다 보면, 나중에는 하나님이 기뻐하시는 생각을 자연스럽게 알게 될 것입니다. 어떠한 일에도 주님의 기쁨 되기를 원하는 그대를 축복합니다!

음성 듣기

하나님은 약속을 꼭 지키시는 분입니다. 어제나 오늘이나 영원토록 동일하신 분이기에 약속하신 것을 절대로 잊지 않으십니다. 그러므로 그대가 하나님의 말씀을 영원한 약속으로 붙든다면, 하나님은 그대의 모든 영적 전쟁에서 승리하게 하실 것입니다.

사랑하는 그대여! 오늘 그대는 어떠한 '영적 전쟁'을 치르고 있는지요? 재정에 관한 것일까요? 관계에 관한 것일까요? 죄의 유혹에 관한 것일까요? 그 무엇이든 하나님이 그대와 함께 싸워주실 것입니다.

하나님의 크신 능력을 경험하기 위하여 그대가 갖추어야 할 아주 중요한 무기가 있습니다. 바로, 그대의 '성결'입니다. 하나님은 이렇게 약속해 주십니다. "여호수아가 또 백성에게 이르되 너희는 자신을 성결하게 하라 여호와께서 내일 너희 가운데에 기이한 일들을 행하시리라"(수 3:5).

성결하게 되길 원하는 그대를 하나님이 기뻐하실 것입니다. 그대 삶에 어떠한 부분이 '성결하게' 되어야 하는지 주님의 음성을 듣는 시간 되기를 축복합니다.

음성 듣기 _____

사랑하는 그대여! 구원은 끝까지 이루어 가는 것입니다. 우리 마음속에 천국은 이미 시작되었습니다. 구원의 시작은 다른 게 아니라 "여호와 하나님은 내 삶의 주인이시며 나를 주관하시고 나를 인도하시는 왕입니다"를 고백하는 것입니다.

그대의 삶 가운데 천국이 임하여 왕께서 다스리심을 인정하고, 구원을 이루어 가는 과정에서 이 땅의 모든 삶을 하나님께 맡기고, 맡기고, 또 맡기십시오. 그분의 인도하심에 따라 나아가겠다고 고백하고, 순종하며 나아가면 날이 갈수록 신앙의 여정이 더욱 즐거워지고 기쁨이 더해 갈 것입니다.

혹시 오늘 믿음의 길에서 넘어졌다고 생각해 하나님을 기쁘시게 하지 못했다는 마음이 드나요? 그렇다면 다음 구절을 읽고 선한 일을 시작하신 이가 하나님이시요 그 하나님이 그대의 구원을 끝까지 이루어 주시는 분이심을 믿기를 축복합니다. "너희 안에서 착한 일을 시작하신 이가 그리스도 예수의 날까지 이루실 줄을 우리는 확신하노라"(빌 1:6).

음성 듣기

# 41 | 주관자

사랑하는 내 아들아! 사랑하는 내 딸아!

오늘도 선한 목자 되시는 여호와 하나님이 우리와 동행하십니다. 하나님은 우리와 함께 계시는 분입니다. 그래서 동정녀 마리아가 낳을 아기의 이름을 '임마누엘'이라 가르쳐 주셨습니다 (마 1:23).

임마누엘 하나님이 항상 동행하신다는 것은 그대가 무슨 일을 하든지 간에, 즉 회사에서 치열하게 일하거나 학교에서 열심히 공부하거나 여호와 하나님이 그대의 삶을 주관하고 계신다는 뜻입니다. 그대의 삶을 주관하시는 하나님이 그대를 쉴 만한 물가와 푸른 초장으로 인도해 주실 것입니다.

오늘 하나님이 그대를 위해 예비하신 쉴 만한 물가와 푸른 초장은 어디일까요? 기대되지 않나요? 주님이 준비해 두신 물가와 초장이 어디일지 주님의 음성에 귀를 기울이는 그대를 축복합니다. "여호와는 나의 목자시니 내게 부족함이 없으리로다 그가 나를 푸른 풀밭에 누이시며 쉴 만한 물가로 인도하시는도다"(시 23:1-2).

음성 듣기 _____

'거룩한 무리'라는 뜻의 '성도'는 세상과 구별된 하나님의 백성을 가리키는 말입니다. 하나님 앞에 순결한 마음으로 정직하게 사는 사람들이죠. 눈앞의 이익을 위해 정직함을 버리면 당장은 얻는 것이 있을지 몰라도 그 때문에 마음의 순결을 잃고, 하나님이 주시는 '평화'를 잃어버릴 수 있습니다.

우리는 보통 전쟁이 없는 때를 평화의 시대라고 말합니다. 하나님과 나 사이에도 전쟁이 없어야 평화를 누릴 수 있습니다. 사도 베드로는 "하나님의 날이 임하기를 바라보고 간절히 사모하라…주 앞에서 점도 없고 흠도 없이 평강 가운데서 나타나기를 힘쓰라"(벧후 3:12-14)라고 말했습니다. 하나님과 평화롭지 않은 시간은 곧 하나님과 싸우는 시간이고, 하나님이 싫어하시는 죄를 짓는다는 것을 의미합니다. 그러므로 하나님이 싫어하시는 죄를 우리도 싫어할 때, 하나님의 평화를 누릴 수 있습니다.

사랑하는 그대여! 정직하지 않은 것은 죄입니다. 여호와 하나님은 "정직하게 행하는 자에게 좋은 것을 아끼지 아니하실 것"(시 84:11)이라고 했습니다. 요즘 그대는 하나님 앞에서 평강의 시간을 보내고 있나요? 그렇지 않다면, 이 시간 하나님은 그대에게 좋은 것을 주기 원하시는 분임을 기억하고, 그 음성에 귀 기울이기를 축복합니다!

음성 듣기

우리는 살면서 많은 의문을 품게 됩니다. '내게 왜 이런 일이 일어났지?' '어쩌다 이런 사람을 만났을까?' 때로는 혼란스럽고 때로는 참담하기까지 합니다. 그러나 어떤 일을 겪든지 모든 질문의 정답은 하나입니다. "하나님은 나를 사랑하신다!" God loves me!

하나님이 그대를 사랑하시는데, 왜 그런 일을 겪어야 했는가에 관한 이해는 그대가 풀 숙제라고 생각합니다. 분명한 것은 하나님이 그대를 사랑하신다는 것이고, 그대를 향한 계획이 있으시며 그것을 이루어 가시는 데에 실수가 없으시다는 것입니다. 그리고 끝내 이루실 것입니다.

사랑하는 그대여! 어떻게 하면 하나님을 더 사랑할 수 있을지를 고민하고, "지식에 넘치는 그리스도의 사랑을 알고 그 너비와 길이와 높이와 깊이가 어떠함을 깨달아 하나님의 모든 충만하신 것으로 너희에게 충만하게 하시기를"(엡 3:18-19) 구하는 그대가 되길 축복합니다.

오늘 그대에게 일어난 '이해하지 못할 일'이 주님이 그대를 사랑하셔서 주신 일인지를 여쭙고 그 대답을 듣기를 축복합니다!

음성 듣기 _____

# 42 | 영적 자산

하나님은 그대와의 동행을 기뻐하십니다. 우리가 누군가와 동행하면 보통 무엇을 하나요? 도란도란 이야기를 나누잖아요. 주님도 그대와 동행할 때 이런저런 이야기를 들려주기도 하시고, 그대의 이야기를 들어주기도 하십니다.

사랑하는 그대여! 주님과 마음속 이야기를 많이 나누길 바랍니다. 대화를 많이 나누다 보면, 둘만의 밀어와 추억도 많이 생기기 마련입니다. 그 모두가 그대의 영적 자산이 될 것입니다. 세상 사람들이 일을 열심히 하여 돈을 많이 벌 듯이 그대는 이 땅에서 주님과 좋은 추억을 많이 쌓음으로써 하늘에 보화를 쌓는 셈입니다.

오늘 그대는 주님과 어떤 대화를 가장 많이 나누었나요? 성경구절 가운데 그대 마음에 가장 자주 생각난 말씀은 무엇이었나요? 그 말씀을 적어 두는 것도 좋습니다. 나중에 그 말씀들을 다시 읽어 보면 '하나님이 그때 그래서 그 말씀을 계속 생각나게 하셨구나' 하고 알게 되고, 그것들이 그대와 주님이 나눈 추억의 말씀들이 됩니다. 오늘도 주님과 마음 깊이 추억을 쌓아 가고 있는 그대를 축복합니다.

음성 듣기

사랑하는 그대여! 혹시 요즘 힘든 시간을 보내고 있나요? 아주 아주 힘든 일을 겪고 있나요? '아, 내가 왜 이러지? 이렇게 넘어지고 마는 건가? 실패하고 마는 거야?' '왜 되는 일이 하나도 없지?' 이런 생각마저 드나요? 그만큼 영적 전쟁이 치열하다는 이야기이겠지요?

영적 전쟁에 꼭 필요한 무기들이 있다는 것은 알고 있지요? 그대가 지금 갖추어야 할 영적 무기가 모두 있는지 돌아볼 시간이 기도 하네요. 영적 무기의 이름들이 나열된 성경 구절을 상고해 보는 것이 도움이 될 것입니다.

"우리의 씨름은 혈과 육을 상대하는 것이 아니요 통치자들과 권세들과 이 어둠의 세상 주관자들과 하늘에 있는 악의 영들을 상대함이라 그러므로 하나님의 전신 갑주를 취하라 이는 악한 날에 너희가 능히 대적하고 모든 일을 행한 후에 서기 위함이라 그런즉 서서 진리로 너희 허리띠를 띠고 의의 호심경을 붙이고 평안의 복음이 준비한 것으로 신을 신고 모든 것 위에 믿음의 방패를 가지고 이로써 능히 악한 자의 모든 불화살을 소멸하고 구원의 투구와 성령의 검 곧 하나님의 말씀을 가지라 모든 기도와 간구를 하되 항상 성령 안에서 기도하고 이를 위하여 깨어 구하기를 항상 힘쓰며 여러 성도를 위하여 구하라"(엡 6:12-18).

음성 듣기

오늘도 하나님은 그대의 이름을 가만히 불러 주십니다.
"사랑하는 OOO! 사랑하는 내 딸아, 내 아들아! 나는 너와 함께
하고 있단다. 내가 너와 함께하고 있음을 네가 느끼든지 느끼지
못하든지 상관없이 나는 늘 너와 동행하고 있단다. 나는 너와
함께하는 여호와 하나님이라. 내가 너를 도와주리라. 너는 무
엇 때문에 지금 두려워하고 있니? 너의 도움은 사람이 아니라
여호와 너의 하나님에게서 온단다! 너는 이 시간 내 음성에 귀
를 기울이거라!"

"두려워하지 말라 내가 너와 함께함이라 놀라지 말라 나는 네 하
나님이 됨이라 내가 너를 굳세게 하리라 참으로 너를 도와주리
라 참으로 나의 의로운 오른손으로 너를 붙들리라"(사 41:10). 그
대 삶의 영역에 '두렵고 불안한' 부분을 주님께 온전히 기도로 올
려 드리고 주님 주시는 음성에 귀를 기울여 보세요.

음성 듣기

# 43 | 지혜

오늘 아침 어떤 기분으로 자리에서 일어났는지요? 감사하는 마음보다 걱정되고 불안한 마음이 앞서지는 않았는지요? 행복하다고 항상 감사하는 것은 아닙니다. 감사 기도를 먼저 선택하는 것이 어떨까요?

감사할 줄 아는 사람은 행복해 보이지 않는 상황 가운데서도 감사하더군요. 행복하지 않아도 감사할 수 있으니 감사하지 않나요?

우리는 행복하지 않아도 감사할 수 있고, 돈이 없어도 감사할 수 있고, 병이 낫지 않아도 감사할 수 있습니다. 오늘 그대는 무엇을 감사하면 될까요? "하나님, 제가 무엇을 감사하면 주님이 기쁘게 그 고백을 받으시겠는지요?" 하나님께 이 기도를 올리면 하나님이 들려주시는 음성이 있을 거예요.

"할렐루야 여호와께 감사하라 그는 선하시며 그 인자하심이 영원함이로다 누가 능히 여호와의 권능을 다 말하며 주께서 받으실 찬양을 다 선포하랴"(시 106:1-2).

음성 듣기

다른 나라에는 없고 우리나라에만 있는 죄가 있다고 합니다. '괘씸죄'라고 하네요. 한민족의 독특한 정서로 '한'(恨)을 꼽곤 하는데, 영어로는 번역할 단어가 없다고 합니다. 섭섭하고 괘씸한 마음이 쌓이고 쌓여 한이 된 것이 아닐까요?

어떤 때에 섭섭함을 느낍니까? 내가 무언가를 해 주었는데, 돌아오는 게 없을 때 느낍니다. 누군가를 위해 시간을 투자했거나 물질을 지원해 주었거나 어떤 형태로든 도움을 주고 사랑을 베풀었는데, "고맙다"는 인사 한마디 없을 때 섭섭하지요.

사랑하는 그대여! 혹시 섭섭한 일이 있었나요? 섭섭한 마음이들었다는 것은 그대가 누군가에게 사랑을 베풀고 도움을 주었다는 뜻이니 일단은 감사한 일입니다. 그대는 부활을 믿죠? 하나님은 우리가 누군가에게 베푼 모든 일을 기억하시고 부활 때에 그 선행을 모두 "갚아 주겠다"고 하십니다. 선한 일을 넘치게 하여 생기는 섭섭한 마음을 말씀으로 위로받는 그대를 축복합니다. "그리하면 그들이 갚을 것이 없으므로 네게 복이 되리니 이는 의인들의 부활시에 네가 갚음을 받겠음이라 하시더라"(눅 14:14).

음성 듣기

성경은 "지혜 없는 자같이 하지 말고 오직 지혜 있는 자같이 하여 세월을 아끼라 때가 악하니라"(엡 5:15-16)라고 충고합니다. "세월을 아끼라"라는 말씀은 하나님이 기뻐하시지 않는 것들에 마음을 빼앗겨 시간과 물질과 정성을 쏟는 일이 없게 하라는 뜻입니다.

사랑하는 그대여! 오늘 그대는 무슨 생각을 하며 가장 많은 시간을 보냈는지요? 그대가 생각한 모든 일을 돌아볼 때 하나님이 기뻐하실 만한 것이라면 그대는 지혜롭게 시간을 보낸 것이 맞습니다.

그러나 다른 사람들을 판단하고 불평하면서 많은 시간을 보냈다면 어리석게 보낸 셈이니, 이 저녁은 그 시간들을 회개해야겠지요? 회개 기도 후에 주님의 음성을 들어 보세요. 분명 마음의 변화가 있을 것입니다. 내일을 새롭게 시작할 준비가 된 그대를 축복합니다.

음성 듣기 _____

# 44 | 특권

사랑하는 그대여! 우리는 하나님 앞에 언제나 무슨 일이나 가지고 나아갈 수 있습니다. 이 자체가 특권이 아닐 수 없습니다. 남들에게 말하지 못하는 어떤 것이 있나요? 하나님께는 그대의 모든 것을 토로할 수 있습니다.

하나님은 그대를 정죄하려고 계시는 분이 아닙니다. 그대의 모든 고민과 갈등, 혼동과 문제들을 다 들어주시고, 들어주실 뿐 아니라 해결할 수 있도록 그대에게 지혜를 주는 분입니다.

하나님 앞에 나아가는 것을 주저하지 말고, 언제 어느 때나 무슨 일이라도 하나님 앞에 나아가기를 축복합니다. 문제가 없는 사람은 없습니다. 어떤 사람은 그 문제를 가지고 어디를 가야 할지, 누구에게 말해야 할지 모릅니다. 그러나 그대는 그렇지 않습니다. 그대에게는 하늘에 계신 아버지가 있습니다. 그대의 말을 경청하십니다. 그리고 지혜와 위로를 주실 것입니다. 그대는 기도할 수 있습니다. 기도할 수 있는 그대는 승리할 수 있습니다.

사랑하는 그대여! 오늘 그대가 힘든 일이 있다 하더라도 견뎌내시기 바랍니다. 반드시 견뎌내시기 바랍니다. 하나님께서 그대에게 주신 약속의 말씀들이 있을 것입니다. 그 약속의 말씀을 다시 붙들어야 합니다.

하나님은 그 약속을 신실하게 지켜 주실 것입니다. 그대에게 주신 약속의 말씀을을 오늘 외우고 또 외우고 외워서 소리 내어 크게 읽고 또 읽고 상고하여 묵상해야 합니다. 하나님이 그대에게 약속하신 말씀은 꼭 이루어집니다. 이 사실을 믿기 바랍니다.

하나님께 받은 약속의 말씀이 혹시 기억 나지 않는다면 지금 이 시간 주님께 다시 여쭤보세요. 주님이 그분의 말씀을 들려주실 것입니다! "하나님은 사람이 아니시니 거짓말을 하지 않으시고 인생이 아니시니 후회가 없으시도다 어찌 그 말씀하신 바를 행하지 않으시며 하신 말씀을 실행하지 않으시랴"(민 23:19).

사랑하는 그대여! 우리가 전도하는 이유는 우리가 사랑하고 아끼는 사람들이 "불과 유황 못"(계 20:10)에 던져지는 것을 차마 볼 수 없기 때문이 아닌가요? 그대 가족 중 한 사람이라도 아직 예수님을 믿지 않는 사람이 있는지요? 성경은 "주 예수를 믿으라 그리하면 너와 네 집이 구원을 받으리라"(행 16:31)라고 말합니다.

어떻게 이 일이 가능할까요? 예수님을 믿게 된 가족은 자기가 구원을 받았기에 자신이 사랑하는 모든 가족들도 이 구원을 받기 원하여 그들을 위해 기도하게 됩니다. 주님은 그대의 가족을 위한 그대의 기도를 꼭 기억하여 주십니다. 전도에 대한 부담감이 있다 하더라도 전도는 '짐'이 아니고 '힘'이라는 것을 기억하면 좋겠습니다.

오늘도 포기하지 않고 가족의 구원과 나아가 사랑하는 모든 사람의 '구원'을 위해 기도하는 그대는 진정 '복음의 통로'인 삶을 살고 있습니다. 그대를 축복합니다.

음성 듣기

# 45 | 마음 지키기

"한 번 죽는 것은 사람에게 정해진 것이요 그 후에는 심판이 있으리니"(히 9:27). 사람은 누구나 죽게 되어 있습니다. 죽음을 피할 수 있는 사람은 아무도 없습니다. 죽고 난 다음에는 심판이 있지요. 그런데 예수님을 믿는 사람들에게는 심판이 아닌 구원이 이루어질 것입니다.

예수님을 믿으면 '칭의'를 얻습니다. 죄인으로 태어났으나 예수 그리스도를 믿음으로써 이전에 지었던 모든 죄를 용서받고 '의인'으로 여김을 받는다는 뜻입니다. 종말에 예수님이 다시 오시는 그날에 우리는 심판을 받는 것이 아니라 구원을 받게 됩니다. 예수님과 함께 천국에 들어가게 되는 것이죠.

사랑하는 그대여! 오늘도 새로운 하루를 시작하는 그대여! 그 어느 것도 두려워할 것은 없습니다. 예수님을 구세주로 선포하는 모든 믿는 자를 하나님이 도우십니다. 그러니 두려움은 떨쳐 버리고, 용기를 내세요. 이 아침에 주님은 그대에게 무어라고 말씀하시는지요? 담대함으로, 강함으로 예수님과 동행하는 그대를 축복합니다.

음성 듣기 _____

성경은 "모든 지킬 만한 것 중에 더욱 네 마음을 지키라 생명의 근원이 이에서 남이니라"(잠 4:23)라고 말합니다. "지키라"라는 것은 누군가 와서 훔쳐갈 수 있다는 뜻 아니겠어요? 우리 마음의 평강을 매사에 지킨다는 것은 참으로 중요한 일입니다.

사랑하는 그대여! 지금 그대의 마음은 어떠한지요? 그대 마음의 평강이나 다른 이들을 위해 드리는 기도의 마음을 누가 앗아가려고 하나요? 그 마음을 지키는 것이 필요한 시간인가요? 잠시라도 조용히 눈을 감고 주님과 대화해 보세요. "주님! 제 마음의 평강과 기쁨을 앗아가는 것은 무엇인가요? 제게 분별의 영을 주세요." 하나님이 대답해 주실 것입니다. 무엇이 그대의 마음을 그토록 앗아가려고 하는지, 대적 기도해야 할 부분을 알려 주실 것입니다. 주님의 음성을 듣고 마음을 지켜 내는 그대를 축복합니다.

음성 듣기

하나님이 믿는 사람들을 징계하실 때가 있습니다. 그 징계 역시 우리를 향한 하나님의 사랑 고백입니다. 징계가 없는 자식은 친자식이 아니라는 말씀도 성경에 기록되어 있습니다.

그러므로 징계를 받을 때 기뻐할 수 있어야 합니다. 왜냐하면 징계가 하나님의 자녀라는 증거가 되기 때문입니다. 그래도 징계 받기 전에 돌아온다면 더 좋은 일이겠지요.

혹시 요즘 하나님 보시기에 떳떳하지 않은 일을 한 적이 있나요? 사람들에게 민폐나 도움이 되지 않는 것을 넘어, 심지어 악이 되는 일을 하고 있다면 STOP, STOP, STOP, 멈추기를 축복합니다. 하나님은 우리가 축복받기를 원하시지만 하나님 앞에 범죄할 때는 축복하시고 싶어도 하실 수가 없습니다. 하나님의 '공의로움' 때문에, 하나님의 '정의로움' 때문에 그렇습니다. 그러나 하나님은 자비의 하나님이시기 때문에 우리가 회개하고 돌이키면 우리가 받을 벌을 복으로 바꾸시는 좋은 분이십니다.

사랑하는 그대여! 그대는 쉼 없이 하나님의 임재하심에 들어가기 원한다고 기도할 수 있습니다. 오늘 하루 살아가면서 하나님의 임재 속에 늘 거하기를 축복합니다.

음성 듣기

# 46 | 경건의 연단

우리는 서로를 필요로 합니다. 그런데 어떤 서로가 필요할까요? 남의 흉을 보고 뒷얘기나 하는 '서로'가 아니라 누구를 만나든지 간에 상대방에게서 칭찬거리를 찾고, 감사할 거리를 찾는 '서로'가 필요합니다. 만나기만 하면 불평을 늘어놓는 '서로'가 아니라 얼굴만 봐도 기분이 좋아지고 기쁨이 되는 '서로'가 필요합니다. 부정적인 말 한마디를 들으면, 최소한 칭찬 열 마디는 들어야 그 한마디가 덮어쓰기로 비로소 지워진다고 하더군요. 부정적인 말의 힘이 그만큼 대단합니다.

그렇다면 어떤 사람을 만나야 기분이 좋아지고 기쁨이 샘솟을까요? 칭찬해 주고, 격려해 주고, 위로해 주고, 감사의 마음을 표현하는 사람입니다. 우리에게는 그런 사람이 필요합니다.
사랑하는 그대여! 그대는 누구에게 이렇게 샘솟는 말을 하면 될까요? 그리고 누군가 나에게 이렇게 힘을 주었다면 감사 표현을 하는 것도 필요하지 않을까요? 오늘 이 두 가지 다 잘 하도록 주님의 음성을 듣는 그대를 축복합니다. "무릇 더러운 말은 너희 입 밖에도 내지 말고 오직 덕을 세우는 데 소용되는 대로 선한 말을 하여 듣는 자들에게 은혜를 끼치게 하라"(엡 4:29).

음성 듣기 _____

요즘 사람들은 갖가지 중독에 잘 빠집니다. 어떤 중독이든 시작은 선택이었을 것입니다. 게임 중독, 쇼핑 중독, 인터넷 중독, 포르노 중독, 마약 중독 등 별의별 중독이 다 있습니다. 왜들 중독에 빠질까요? 그것이 즐거움을 주고, 위안을 주고, 힘을 준다고 믿기 때문입니다.

'중독'이라고 하면 부정적인 느낌부터 들지만, 긍정적인 중독도 있지 않을까요? 그리스도인들에게 힘이 되고 즐거움이 되는 긍정적인 중독이 있다면 말씀 읽기, 말씀 외우기, 말씀 묵상하기, 기도하기, 전도하기 등이 아닐까요? 그대에게는 어떤 중독이 있는지 주님께 여쭤보면 어떨까요?

"제 마음 깊은 곳을 아시는 하나님! 제가 하나님 말고도 기쁨과 힘으로 여기는 것들이 있는지요? 건설적이고 긍정적이고 성경적인 것이라면 괜찮겠지만, 그렇지 않은 것이 있다면 이 시간 주님의 음성을 듣고 깨닫기를 원합니다."

주님이 들려주시는 음성에 순종하는 그대의 내일은 더더욱 힘차고 기쁜 날이 되겠지요? "육체의 연단은 약간의 유익이 있으나 경건은 범사에 유익하니 금생과 내생에 약속이 있느니라"(딤전 4:8).

음성 듣기 _____

하나님의 사랑은 느낌이 아니라 믿음입니다. 그대는 사랑하는 사람에게 무엇을 어떻게 해 주고 싶나요? 하나님은 그대를 사랑하신다는 사실을 믿는다면, 그대를 향한 하나님의 모든 계획은 완전하고 선하다는 것을 끝까지 믿어야 합니다. 중간쯤 되어서 포기하는 것이 아니라 끝까지 믿어야 합니다. 하나님은 그대를 사랑하십니다. 오늘도 그대와 동행하셔서 그대를 인도하고 계십니다. 하나님의 인도하심은 정확하여 실수가 없습니다.

사랑하는 그대여, 이 모든 것을 그대가 끝까지 믿으려면 '기다림'이라는 필수 과정이 필요합니다. 오늘 무엇을 기다립니까? 기다리면서 절대로 불평하거나 불만을 가지거나 볼멘 소리를 하지 마세요. 아름답게 끝까지 기다림을 이루려면 기다리면서 기도하고, 기도하면서 기뻐하고, 기뻐하면서 기대하고 감사해야 합니다.

하나님을 기다리는 그대는 정말로 복이 있는 사람입니다. 기다릴 사람이 있다는 것도 복이 있는데, 기다릴 하나님이 있다는 것은 더 큰 복이 아닐까요? 주님의 음성을 기다릴 줄 아는 그대를 축복합니다. "너희는 또한 감사하는 자가 되라…무엇을 하든지 말에나 일에나 다 주 예수의 이름으로 하고 그를 힘입어 하나님 아버지께 감사하라(골 3:15-17).

음성 듣기

# 47 | 완전한 은혜

성경은 "너는 범사에 그를 인정하라 그리하면 네 길을 지도하시리라"(잠 3:6)라고 말합니다. 하나님을 범사에 인정한다는 것은 어떤 의미일까요? 어떤 일을 하기에 앞서 기도부터 한다는 뜻이 아닐까요? 내가 어떤 일을 하고자 할 때 기도 먼저 시작하는 것이 곧 범사에 그를 인정하는 것이라면 지금 그대는 무엇을 하고자 하는지요? 먼저 하나님께 기도함으로써 마음의 확신을 간구했나요?

지금 이 시간 잠시 눈을 감고 하나님께 그대가 하고자 하는 일을 먼저 기도로 고하고, '인도하심'을 기다려 보면 좋겠습니다. 하나님의 인도하심을 담박에 알아챌 수 없지만, 지금 이 시간 한 발자욱 내딛기에는 충분한 '인도하심'을 그대에게 알려 주실 것입니다.

음성 듣기

사람은 누구나 죄를 짓습니다. 이 시간 주님의 음성을 듣겠다고 오후에 이 책을 열어 보는 그대! 오늘 어떤 일로 화를 버럭 내지는 않았을까요? 내가 예수님 믿는 사람이기에 방금 화를 낸 그 시간에 대해 자신을 더 용서하지 못하는 마음일 수도 있겠지요? 예수 그리스도를 믿는 사람도 죄에서 벗어나지 못한다는 사실을 깨닫는 시간이기도 하지요.

사랑하는 그대여! 우리는 완전하지 않기에 매일 예수님이 필요합니다. 우리가 지은 죄를 깨닫고 하나님께 죄를 고백하며 회개하면 죄 사함을 받을 수 있습니다. 용서받고 아무 잘못이 없었던 사람처럼 새롭게 살 수 있다는 것이 얼마나 감사한지요.

우리의 연약함을 주님께 아뢸 수 있어서 정말 감사하다고 고백해 방금 자신의 화로 인한 정죄감과 자책감을 벗어 버리면 어떨까요? 스스로에게 화가 난 그 마음 넘어 하나님의 음성이 들려올 것입니다. 그 음성으로 새 힘과 용기를 얻어 오후 시간을 다시 시작하기를 축복합니다. "여호와는…노를 영원히 품지 아니하시리로다 우리의 죄를 따라 우리를 처벌하지는 아니하시며 우리의 죄악을 따라 우리에게 그대로 갚지는 아니하셨으니"(시 103:8-10).

음성 듣기

사랑하는 그대여! 걱정되는 일이 있나요? 두려운 일이 있나요? 왜 불안해하나요? 하나님의 말씀을 어기고 멀리 도망가던 요나에게도 하나님은 이미 은혜를 예비해 두셨습니다.

그대가 불안과 걱정에 휩싸일 때 꼭 기억해야 할 것이 있습니다. 그대 인생을 모두 아시는 하나님이 그대의 미래를 준비하시고 인도하고 계신다는 사실입니다. 그 하나님을 믿는 사람은 어떤 순간에도 평강한 마음을 지킬 수 있습니다.

그대는 믿음을 가져야 합니다. 하나님이 그대를 사랑하신다는 믿음, 그대에게 필요한 모든 것을 공급해 주신다는 믿음, 그대의 앞길을 예비하신다는 믿음, 그대가 요나처럼 바닷물에 던져져 죽음에 가까워지는 상황에 부딪힌다 해도 이미 예비하신 은혜로 그대를 건져 주실 것이라는 믿음을 가지세요. 그대 삶을 향한 하나님의 선하신 뜻이 도무지 느껴지지 않을 때조차 하나님은 완전한 계획 가운데 그대를 인도하고 계심을 믿어야 합니다. 하나님은 그대의 모든 필요를 아시고, 가장 좋은 것으로 채워 주시는 분입니다. 지금 그대가 주님의 음성을 듣고자 귀를 기울이면, 주님은 그대에게 무엇이라고 말씀하실까요?

음성 듣기

# 48 | 회복

세상에서 가장 심각한 일은 무엇일까요? 제가 생각하기엔 돈도 건강도 결혼도 관계도 아닙니다. 바로 피조물인 우리가 창조주이신 하나님에게서 멀어지는 것입니다. 그것만큼 인생을 고달프고 힘들게 하는 것이 없습니다.

사랑하는 그대여! 그대는 지금 어디에 있습니까? 태초에 하나님이 지으신 아담은 후에 죄를 짓게 됩니다. 그때 하나님이 아담을 부르시며 "네가 어디 있느냐"(창 3:9) 하고 물으셨지요. 어디 숨었는지 몰라서 물으신 게 아닙니다. 하나님은 아담과 이야기를 나누고 싶으셨던 것이지요. 아담이 왜 숨었는지 직접 하나님께 말해 주기를 원하셨던 것입니다.

그대는 오늘 하나님께 어떤 이야기를 해 드리면 좋을까요? 새 하루를 시작하면서 하나님은 그대에게서 어떤 이야기를 듣고 싶어 하실까요? "하나님! 오늘 제가 집을 나서기 전에 어떤 이야기를 해 드리면 좋을까요?" 하고 기도하며 주님의 음성을 기다려 듣고 집을 나서기를 축복합니다.

음성 듣기

사랑하는 그대여! 혹시 방금 낙망이 될 만한 말을 들으셨는지요? 마음을 어떻게 추슬러야 할지 모를 정도로 당혹스럽고 당황스러운가요? 바로 이때가 하나님의 음성을 꼭 들어야 하는 때가 아닐까요?

하나님이 정말로 그대의 삶을 주관하시는 '왕'이시라면, 이 시간 왕이신 하나님은 그대에게 무어라고 말씀하실까요? 그 음성을 들을 수 있는 그대가 되기를 축복합니다.

"여호와여 나의 대적이 어찌 그리 많은지요 일어나 나를 치는 자가 많으니이다 많은 사람이 나를 대적하여 말하기를 그는 하나님께 구원을 받지 못한다 하나이다 (셀라) 여호와여 주는 나의 방패시요 나의 영광이시요 나의 머리를 드시는 자이시니이다"(시 3:1-3).

음성 듣기

좋은 마음으로 다른 사람을 열심히 돕고, 공동체를 위해 헌신했는데도 감사 인사는커녕 불평이나 험담을 듣는다면, 그만두고 싶다는 생각이 들지요. 그럴 땐 정말로 어떻게 해야 할까요? 성경은 "그러므로 내 사랑하는 형제들아 견실하며 흔들리지 말고 항상 주의 일에 더욱 힘쓰는 자들이 되라 이는 너희 수고가 주 안에서 헛되지 않은 줄 앎이라"(고전 15:58)라고 말합니다. 즉 성경적인 해법은 섬김의 자리로 다시 돌아가서 주의 일에 더욱 힘쓰라는 것입니다. 왜냐하면 그대의 수고가 주 안에서 절대로 헛되지 않기 때문입니다.

쉽지 않은 일입니다. 하지만 우리가 언제 항상 쉬운 일만 하던가요? 쉽지 않은 걸 알지만, 하나님의 말씀에 의지하여 돌아가야 합니다. 어렵게 돌아가는 그 자리, 섬김의 자리가 그대에게 온전한 회복을 줄 것입니다.

사랑하는 그대여! 이 시간 주님의 음성을 들을 수 있다면, 주님은 수고하고 애쓴 그대에게 어떤 말씀을 들려주실까요?

음성 듣기

# 49 | 동행

병사가 전쟁터로 나갈 때 가장 필요로 하는 것은 무엇일까요? 바로 '사기'입니다. 사기가 하늘을 찌를 듯 높아져야 승리할 수 있습니다. 매일 영적 전쟁터로 나가는 우리에게도 꼭 필요한 것입니다.

어떤 사람들은 "난 못해, 정말 못해"라는 말을 입에 달고 삽니다. "나는 잘 못하는데 하나님은 왜 나한테 이런 일을 맡기신 걸까?" 이렇게까지 주님에게 말해 본 적이 있는지요? 하나님은 전지전 능하신 분인데 하나님이 그대에게 맡기신 일을 잘 못한다는 사실을 모르셨을까요? 알고도 맡기셨다면 그대는 더더욱 감사해야 하지 않을까요?

사랑하는 그대여! 그대의 약함이 곧 그리스도의 강함이라는 것을 깨닫게 해 주시는 새 아침이 밝았습니다(고후 12:10). 주님과 함께하는 것임을 주님이 상기시켜 주시는 시간이 아닐까요. 주님과 함께라서 정말 감사하다고, 그래서 모든 일을 잘 감당할 수 있노라고 기도해 보세요. 그리고 주님의 음성을 들어 보세요. 주님 무어라고 말씀하시나요?

음성 듣기

"까닭 없는 저주는 참새가 떠도는 것과 제비가 날아가는 것같이 이루어지지 아니하느니라"(잠 26:2). 그대는 이 말씀이 위로가 된 적이 있나요? 까닭없이 사람들이 저주의 말을 퍼붓는 것을 들을 때 마음이 편한 사람은 아무도 없을 것 같습니다.

"까닭 없는 저주"란 그대가 듣지 않아도 될 말을 가리킵니다. 누가 그대에게 어떤 악한 말을 해도 그 말은 절대로 이루어지지 않고, 새처럼 날아가 버릴 것입니다. 그러니 아무것도 염려하지 말고 두려워하지도 마세요.

오늘 들은 어떤 말로 인하여 마음이 무척 불편한가요? 이 말씀이 그대의 삶에 '소유'가 되었음이 기쁘다는 기도를 드려 보는 것은 어떨까요? 그렇게 기도하고 난 다음 주님이 그대에게 하시는 음성을 들어 보면 좋겠습니다.

음성 듣기 _____

하나님이 만약에 딱 한 가지 소원만 들어주겠다고 하시면, 저는 남동생의 구원을 구할 것입니다. 다른 가족은 모두 하나님을 잘 믿고 사는데, 형제 중에 남동생 딱 한 명만 믿지 않고 있습니다. 저는 남동생 가족의 구원을 소원합니다.

그래서 사랑하는 이의 구원을 위해 기도하는 사람들의 심정을 잘 압니다. 한 사람의 구원이 얼마나 귀하고 중요한지 모릅니다. 이 같은 영적 전쟁이 없습니다. 마귀는 한 영혼이라도 더 지옥으로 데려가려 하고, 우리는 한 영혼이라도 더 하나님께로 인도하려고 애쓰잖아요.

사랑하는 그대여! 그대의 가족이 모두 구원받기를 축복합니다. 그러려면 그대가 강건해야 합니다. 감당하기 벅찬 일들이 있으면 주변 믿음의 식구들에게 도움을 구할 줄도 알아야 합니다.

오늘 그대 가족의 구원을 위하여 기도해 달라고 부탁할 만한 사람이 떠오르는지요? 기도하면 주님이 알려 주시는 사람들이 있을 것입니다. 그러면 오늘이 가기 전 그 사람들에게 그대 가족을 위해 단 1분이라도 지금 기도해 달라고 부탁하면 어떨까요? 그것이 곧 주님의 음성을 듣고 순종하는 것입니다. 그대의 가족이 구원 받는 것이야말로 하나님의 기쁘신 뜻이랍니다.

음성 듣기

# 50 | 존재

성경은 "누구든지 그리스도 안에 있으면 새로운 피조물이라 이전 것은 지나갔으니 보라 새것이 되었도다"(고후 5:17)라고 선포합니다. 새롭게 태어난 우리에게 무슨 과거가 있겠습니까? 없습니다. 새로운 피조물이니까요.

새로운 피조물이 된 그대가 하나님 아버지께 물려받은 것은 저주가 아닌 '하나님의 자녀 되는 복'뿐입니다. 그대를 향한 하나님의 기쁘신 뜻이 있습니다. 그것은 그대 삶을 통해 하나님이 하나님 되심을 나타내고자 하시는 것이죠.

그대의 과거 기억 중 아직도 그대의 발목을 잡는 것들이 있는지요? 그 뿌리가 어떠하든지 간에 그것이 그대의 잘못이었든지 타인의 잘못이었든지 아직도 그 일만 떠오르면 앞으로 나아가지 못하고 주춤거리게 되나요?

고린도후서 5장 17절을 소리 내어 읽고 나서 주님이 그대에게 무어라고 하시는지 그 음성을 들어 보세요. 주님이 그대가 잊어야 할 과거를 알려 주실 것입니다.

음성 듣기

고린도후서 4장 5절 "예수를 위하여 우리가 너희의 종 된 것"을 상고하면서 '나는 정말 이렇게, 이런 자세로 사람들을 섬기고 있나?' 다시 생각해 보았습니다. 바울 사도가 사용한 '종'의 원어의 뜻은 식당 웨이터가 가장 가깝다고 합니다.

여기서 중요한 단어는 "예수를 위하여!"입니다. 우리가 아무에게나 무슨 일이든지 다 종처럼 섬길 수는 없습니다. 예수님을 위하여 해야 합니다. 예수님을 안 믿는 사람들에게 예수님을 전도하려고 기꺼이 종처럼 그들을 섬기고 배려할 수 있습니다. 또한 같은 성도들로서, 하나님을 믿는 공동체 안의 지체들로서 하나님이 기뻐하시니 형제자매들의 필요를 빨리빨리 만나 주는 것이 참 중요합니다.

하나님을 잘 믿는 사람들은 배려가 깊은 사람임을 알 수 있습니다. 우리가 성도님들을 잘 섬기면 바울 사도의 고백처럼 "내가 너를 위한 종"이 될 수 있습니다. 바울 사도는 "예수 그리스도를 위해서 너에게 종 된 것을 너가 알기를 원하노라"고 하면서, 그렇게 충실하게 종의 자리를 지켜 행했겠죠? 오늘 그대가 돌아보아야 할 지체가 있는지 주님께 여쭤보는 하루 되기를 축복합니다.

음성 듣기

아무도 나를 사랑하지 않는 것 같고, 아무도 내 말을 듣지 않는 것 같으면 얼마나 외로울까요? 하지만 그대를 사랑하고, 그대의 작은 신음 소리까지도 다 들으시는 분이 있다는 사실을 잊지 않았죠? 그대는 오늘도 사랑받고 있습니다. 임마누엘 하나님이 그대와 함께하십니다.

사랑하는 그대여! 외로운 시간도 지나갈 것입니다. 혼자 걷는 것 같은 이 길도 하나님이 함께 걷고 계십니다. 나만 혼자인 것 같나요? 성경에도 많은 사람이 '혼자'라는 생각에 힘들어했답니다. 그들이 들은 하나님의 음성을 그대도 동일하게 들을 것입니다. 하나님은 그대에게 오늘 무어라고 말씀하실까요?
"내가 노래로 하나님의 이름을 찬송하며 감사함으로 하나님을 위대하시다 하리니 이것이 소 곧 뿔과 굽이 있는 황소를 드림보다 여호와를 더욱 기쁘시게 함이 될 것이라 곤고한 자가 이를 보고 기뻐하나니 하나님을 찾는 너희들아 너희 마음을 소생하게 할지어다"(시 69:30-32).

음성 듣기

# 51 | 용기

성경에는 "두려워하지 말라"는 말씀이 365번 나온다고 합니다. 그만큼 1년 365일 매일매일 두려워할 일이 있다는 뜻이겠지요. 감사한 것은 우리는 내일 일은 고사하고 한 치 앞도 모르지만, 내일뿐 아니라 영원까지도 아시는 하나님은 알고 있다는 것이지요! 전지전능하신 하나님이 우리를 항상 살펴보십니다. 그대를 알고 그대를 살펴보시는 분이 오늘도 그대와 함께 한다면 지금 이 시간 주님의 어떤 음성이 들려와야 할까요? 하나님은 지금 그대에게 무어라고 말씀하시는지요? 하나님이 지금 이 시간 들려주시는 그 말씀을 믿어야 합니다. 그리고 그렇게 말씀하시는 분을 신뢰해야 합니다.

우리 삶이 하늘을 오를 것 같은 기쁜 일에도 그분은 함께하시고 스올이라고 표현되는 땅의 가장 아래 부분까지 우리가 내려간다 할지라도 하나님은 우리와 함께 계십니다. 그대의 두려운 마음이 사라지고 용기와 담대함이 생겨나는 새 하루가 되기를 축복합니다. "여호와여 주께서 나를 살펴보셨으므로 나를 아시나이다…내가 하늘에 올라갈지라도 거기 계시며 스올에 내 자리를 펼지라도 거기 계시니이다"(시 139:1-8).

음성 듣기

하나님을 닮는다는 것은 무엇일까요? '하나님은 사랑'이라고 합니다. 우리가 하나님의 사랑을 깊이 깨달아야 그 사랑으로 다른 사람들을 섬길 수 있지 않을까요? 그대는 하나님이 그대를 사랑하신다는 것을 정말 믿요? 그대의 환경을 돌아볼 때 "하나님은 정말 나를 사랑하셔!"라는 고백이 절로 나오는지요? 그렇지 않다면, 무엇 때문에 하나님이 나를 사랑하신다는 믿음이 이전보다 더 약해졌는지요? 하나님을 오해한 부분은 없을까요?

오늘은 주님께 이렇게 기도하면 어떨까요? "주님! 날이 갈수록 주님의 사랑이 더더욱 강하게 와닿아야 할 텐데, 오늘은 그렇지 않아요. 제가 어떤 주님의 음성을 들어야 할까요? 주님의 음성을 들려주세요!" 잠시라도 마음을 가지런히 하고 주님이 그대에게 음성을 들려주실 때까지 기다려 보세요. 하나님은 그대에게 하시고 싶은 말씀이 분명히 있을 거예요. 하나님 음성 듣기를 기대하는 그대를 축복합니다.
"하나님은 사랑이시라…이로써 사랑이 우리에게 온전히 이루어진 것은 우리로 심판 날에 담대함을 가지게 하려 함이니 주께서 그러하심과 같이 우리도 이 세상에서 그러하니라"(요일 4:16-17).

성경은 "그런즉 너희는 하나님께 복종할지어다 마귀를 대적하라 그리하면 너희를 피하리라"(약 4:7)라고 가르칩니다. 반대로 말하면, 마귀는 대적하지 않으면 떠나가지 않습니다.

대적 기도로 마귀를 쫓아야 합니다. 우리는 그렇게 살아야 합니다. 그런데 성경은 우리가 대적 기도만 해야 하는 것이 아니라 하나님께 복종해야 한다고 말한다는 것을 기억해야 합니다. 하나님의 말씀에 순종하지 않으면서 마귀를 대적한다고 기도한다면 그 기도에 능력이 실릴 수 있을까요?

하나님은 오늘 그대에게 물리쳐야 하는 마귀의 실체를 알려 주시기도 하시지만, 그대가 요즘 주님 앞에 어떤 말씀을 순종하기 어려워하는지 알고 계십니다. 순종하기 힘든 부분을 솔직하게 주님께 고백하는 것은 어떨까요?

오늘은 마귀를 대적하기 전에 그대가 말씀에 순종하게 해 달라고 기도를 드리면 좋겠네요. 하나님이 알려 주실 것입니다. 그대 삶의 어떤 영역을 하나님의 말씀으로 순종해야 하는지 말이지요. 순종은 절대로 어렵지 않습니다. 익숙해지기까지가 어려울 뿐입니다. 순종이 익숙해지면 오히려 불순종이 힘들어집니다. 그대는 할 수 있습니다.

음성 듣기

# 52 | 주님의 질서

예수님을 믿는 사람으로서 참 잘해야 하는 것이 이웃과의 관계, 하나님과의 관계입니다. 십자가(cross)의 가로와 세로를 생각해 보세요. 세로는 위로 하나님과의 관계요, 가로는 옆으로 사람들과의 관계라고들 합니다.

영어 단어 조이(JOY)의 색다른 뜻풀이를 들어 본 적이 있지요? 기쁨이란 뜻의 조이(JOY)에서 J는 '지저스'(Jesus) 즉 예수님 먼저이고, 그 다음 오(O)는 '아더스'(Others) 즉 다른 사람들이며, 와이(Y)는 '유어셀프'(Yourself) 즉 자신이라고 합니다. 그러니까 사람이 기쁨을 누리려면 첫 번째는 '지저스'(Jesus), 예수님에게 포커스(focus)를 많이 해야 하고, 다음에는 '아더스'(Others), 옆사람들을 돌아봐야 하며 그 다음 순서가 '나' 즉 '유어셀프'(Yourself)라는 것입니다. 그러면 우리 삶에 기쁨이 충만해진다는 뜻입니다.

사랑하는 그대여! 기쁘기를 원하십니까? 그렇다면 우리 오늘 더욱더 예수님 바라보고 이웃을 보살피며 자신의 유익을 맨 마지막으로 생각해 보면 참 좋겠습니다. 오늘 내가 나의 편함을 뒤로하고 섬겨야 할 이웃이 있는지 주님의 음성을 기다리는 그대가 자랑스럽습니다.

음성 듣기 _____

사랑하는 그대여! 하나님은 요즘 그대에게 무엇을 맡기셨나요? 전도, 구제, 기도, 아니면 섬김인가요? 어쩌면 그 자리 그대로 버티는 일을 맡기신 것은 아닐까요. 버티는 것, 버팀의 영성, 그 자리에 가만히 있는 것만 해도 하나님이 우리에게 주신 책임감을 다하는 것이 아닐까 생각할 때도 있습니다. 내가 지키지 못한다고 생각할 때 자리를 지키는 것은 더더욱 중요하니까요.

우리가 일을 잘할 때는 '하나님이 내가 일을 잘하니까 이 일을 맡겨 주신 거야' 싶지만, 일을 잘 못할 때는 '왜 나한테 이런 걸 맡기셨지?' 생각할 때가 있지요. 특히 리더의 자리나 섬김의 자리는 과연 맞는 자리인가 의심하기도 하고, 칭찬이나 격려가 없으면 일을 잘하고 있는지 나를 정죄하는 것 같아 심판받고 있다고 생각이 들기도 합니다. 그럴 때는 떠나는 것이 다른 사람들을 위해서 나은 게 아닐까 하고 생각하기도 합니다.

그러나 하나님이 그대를 그 자리에 심으셨습니다. 뽑히지 않도록 심으셨습니다. 그 자리 그대로 있는 것만이라도 하나님은 "너는 네 책임을 다하고 있다"라고 말씀하시는 게 아닌가 생각합니다. 그대에게 그 자리 그대로 남아 있어서 고맙다고 말씀하시는 주님의 음성이 들리는지요?

음성 듣기 _____

사랑하는 그대여!
그대가 질그릇인 것에 감사하길 바랍니다. 이 질그릇에 담긴 보배는 그대가 아니라 예수 그리스도이심을 명심하세요. 그대는 그대 자신을 위해 사는 사람이 아니라 예수 그리스도를 위해 살아가는 사람입니다.

하나님이 그대 삶에 필요한 모든 것을 공급해 주실 것입니다. 하나님 앞에 자신이 부족하지 않은지 걱정하지 마세요. 예수 그리스도로 말미암아 충분하게 되었으니 자유하십시오. 자유로운 몸과 마음으로 하나님을 섬기는 그대가 되길 축복합니다.

음성 듣기

# 53 | 능력

"아무것도 염려하지 말고 다만 모든 일에 기도와 간구로, 너희 구할 것을 감사함으로 하나님께 아뢰라"(빌 4:6). 기도에 관한 성경 구절로 많은 사람이 외우기도 하고 좋아하는 말씀입니다. 여기서 가장 중요한 부분은 "아무것도 염려하지 말고"(Do not be anxious about anything, NIV)입니다. 어떤 것에도 조바심을 느끼지 말고 기도하라는 것입니다.

왜 많은 사람이 기도하면서도 기도의 능력을 모를까요? 기도를 많이 하긴 하는데 그만큼 염려도 많이 하기 때문입니다. 염려하면서 기도하니까 능력이 나타나지 않습니다.

사랑하는 그대여! 아무것도 염려하지 말고 기도하십시오. 하나님이 그대의 기도를 듣고 계십니다. 그대의 기도는 땅에 떨어지지 않습니다. "기다릴 때는 기도를! 기도할 때는 기대를!" 이왕이면 기쁨으로 기대하는 것이 어떨까요? 염려하면서 기도할 때와 염려하지 않고 기도할 때 그대 마음에 어떤 차이가 있는지 스스로 알아보는 시간을 가져도 좋겠습니다. 주님이 주시는 음성은 '평강'이기도 하다는 사실을 깨닫게 될 그대를 축복합니다!

음성 듣기 _____

사랑하는 그대여! 오늘 그대의 마음이 상한 일이 있다면 그 '마음의 어려움'의 뿌리는 과연 무엇일까 생각한 적이 있나요? 재정이라면 재정의 주인은 누구인가요? 시간이라면 시간의 주인은 누구인가요? 모든 것이 하나님의 것임을 온전히 인정한다면, 지금 그대 마음의 어려움은 어쩌면 쉽게 해결되지 않을까요?

"우리가 무슨 일이든지 우리에게서 난 것같이 스스로 만족할 것이 아니니 우리의 만족은 오직 하나님으로부터 나느니라"(고후 3:5). 그대가 누군가를 재정적으로 돕고 있다면 선행의 도구가 되는 재정이 누구 것인지 확실하게 인식하는 것이 중요합니다. 나의 재정과 나의 시간으로 남을 돕는다고 생각하면, 때로 인색해지기도 하고 조바심도 생길 것 같습니다. 그러나 내게 있는 모든 것이 하나님으로부터 말미암았음을 심비에 새긴다면, 마음에 일던 많은 '불편함'들은 소리 없이 사라질 수 있겠죠?

말씀대로 고백했지만 오늘 어떤 일 때문에 이 모든 것이 나로 말미암았다는 생각에 빠져들지는 않았나요? 그때마다 "모든 것은 하나님의 것이요 나로 말미암은 것은 하나도 없습니다"라는 고백을 드리고 주님의 음성에 귀 기울여 보세요. 하나님과의 깊은 사랑의 대화를 나눌 그대를 축복합니다.

음성 듣기

예전에 저와 동역하던 현지인 사역자가 설교하는데, 늘 같은 메시지를 전했습니다. 어떤 면에서 선교사인 저보다 성경 지식이나 전달력이 부족해 보이기도 했지만, "하나님은 당신을 사랑하십니다"라는 메시지로만 설교하는 모습을 보고 이런 생각이 들었습니다. 만약 나를 정말로 사랑하는 사람이 나한테 사랑의 편지를 보낸다면, "나는 당신을 사랑합니다"라는 말을 읽고 읽고 또 읽어도 지겹지 않을 것 같다고 말이죠.

"하나님은 당신을 사랑하십니다"라는 메시지는 억만 번 들어도 기분이 좋은 말 아니겠어요? 어떤 심오한 말보다, 전에는 알지 못했던 새로운 지식보다 더 마음에 와닿는 사랑의 말씀입니다. 그 사랑이 믿어지는 것이야말로 말씀의 능력이 아닐까요? 그래서 같은 메시지를 들어도 은혜를 받는 것이지요.

사랑하는 그대여! 어쩌면 하나님이 오늘도 그대에게 이전과 전혀 다르지 않은 말씀을 하실 수 있겠지요? 그러나 그대가 하나님을 사랑하는 마음에서 매일 더 성숙해 간다면, 하나님께 같은 음성을 듣더라도 감동은 매일 다를 것입니다. 오늘 주님께 무슨 음성을 들을지 기대하면서 귀를 기울이는 그대, 축복합니다.

음성 듣기 _____

# 54 | 보내심

하나님께 상을 받기 위해서 노력하는 것은 지극히 성경적인 신앙 태도입니다. 상을 받으려고 노력하기보다는 상 따위는 필요 없다는 식의 태도를 보이는 것은 겸손이 아니라 무지(ignorance)라고 할 수 있습니다. 왜 상이 필요 없습니까? 사도 바울은 "푯대를 향하여 그리스도 예수 안에서 하나님이 위에서 부르신 부름의 상을 위하여 달려가노라"(빌 3:14)라고 고백했습니다.

사랑하는 그대여! 운동장에서 경주를 하는 자들을 보면, 상을 얻고자 최선을 다합니다. 하나님이 그대를 위해 준비해 놓으신 면류관을 사모하는 마음이 하나님이 기뻐하시는 마음 아닐까요? 오늘 아침, 하나님께 슬쩍 물어보면 어떨까요? "주님! 저를 위해 준비해 두신 상이 무엇인가요? 저는 오늘 어떤 태도로 하루를 살아야 할까요?" 주님께서 들려주시는 음성이 있을 것입니다. 경주에 최선을 다하는 그대를 축복합니다. "운동장에서 달음질하는 자들이 다 달릴지라도 오직 상을 받는 사람은 한 사람인 줄을 너희가 알지 못하느냐 너희도 상을 받도록 이와 같이 달음질하라"(고전 9:24).

음성 듣기

사랑하는 그대여! 변명이란 누구한테 나를 설명하는 것입니다. 우리가 잘하고 있다는 것이 변명은 아니겠지요. 하나님이 우리를 매일매일 더더욱 도와주시고, 사랑하심을 깨닫는 것이 우리가 할 수 있는 자신 있는 변명일 것입니다. 선행이나 율법을 다 지키며 말씀대로 살아 낸 것을 변명이라고 한다면 예수님께서 이 땅에 오실 이유가 없습니다. 우리가 열심히 살면 되니까요. 그러니까 율법을 잘 지킨 것은 우리들의 변명이 아닙니다. 우리가 열심히 살아가는 것은 정말 중요합니다. 하지만 그 또한 하나님이 도와주신 덕입니다. 하나님의 법을 잘 지켜서 행할 수 있도록 하나님이 도와주실 것입니다. 하나님이 도와주신 덕분에 우리가 그 일을 해낸 것이야말로 우리의 자랑이요 변명입니다. 선행을 베풀고, 전도를 많이 하고, 열매를 많이 맺었다는 것 자체가 변명이 될 수는 없습니다.

죄인 된 나를 위하여 예수님께서 십자가에 돌아가셨습니다. 그대의 매일 스케줄이 무엇인지 모르지만 그 무엇보다도 열심히 주님을 사랑하면서 살아가는 그대가 되기를 축복합니다.

음성 듣기

성경을 읽다 보면, 우리 모두 예수님의 부르심을 좇아가고 싶어 해도 각자의 '보내심'이 다르다는 것을 깨닫습니다.

'군대'라 하는 많은 귀신에 들렸던 한 사람은 예수님을 만나 고침을 받고 예수님과 함께 있기를 구하였지만, 집으로 돌아가라는 말씀을 들었습니다(눅 8:27-39). 그런가 하면 "제자 중에 또 한 사람"은 "주여 내가 먼저 가서 내 아버지를 장사하게 허락하옵소서" 하고 예수님에게 여쭈었다가 "죽은 자들이 그들의 죽은 자들을 장사하게 하고 너는 나를 따르라" 하는 말씀을 들었지요(마 8:21-22).

결국 '보내심'은 하나님의 주권에 달렸습니다. 우리는 보내심을 받은 자리에서 최선을 다할 뿐입니다.

사랑하는 그대여! 주님의 보내심이 그대의 기대와 다를지라도 지금 그 자리에서 최선을 다해 믿음의 행보를 계속하는 그대가 아름답습니다. 오늘 주님께 이렇게 여쭤보는 것은 어떨까요? "주님! 제가 보내심 받은 곳에서 충성을 다하고 있나요?" 주님은 그대에게 무어라고 답해 주실까요?

음성 듣기 _____

# 55 | 오히려

예수 그리스도를 본받아 사람들을 사랑하며 섬기기를 원하지만, 정말로 사랑하기 힘든 사람들이 있기 마련입니다. 그에 비해 사랑하기 쉬운 사람들을 보면 얼마나 감사한지요. 그들이 제게 고맙다고 인사할 때면, 저는 "오히려 나는 그대가 고맙습니다. 사랑하기 쉬운 사람으로 있어 주어서 고맙습니다"라고 말해 줍니다.

사랑하는 그대여! 내 힘으로 내 이웃을 나 자신같이 사랑하기란 쉽지 않지요? 말씀대로 사랑할 수 있도록 도와 달라고 성령님께 기도하는 수밖에 없습니다. 지금 그대 마음에 성령님이 아니면 도무지 사랑할 수 없다고 여겨지는 사람이 있나요? 그 사람을 주님께 기도로 올려 드릴 때 주님은 그대에게 무어라고 말씀하실까요? 더 힘써 노력하라고 하시기보다는 "정말 수고가 많구나! 정말 고맙다!"라고 말씀하실 것 같습니다.
예수 그리스도의 힘으로 말미암아 하나님이 사랑하시는 하나님의 백성들을 같은 마음으로 사랑할 수 있게 해 달라고 기도하는 그대를 축복합니다!

음성 듣기 _____

사랑하는 그대여, 힘든가요? 지쳐 있나요? 몸이나 마음이 아픈 가요? 다 그만두고 싶은가요? 누구를 열심히 도와주었는데 감사의 표현은커녕 뒷담화나 말도 안되는 소리가 들리나요? 내가 왜 도와주었을까 하는 생각이 들면 다 그만두고 싶어지지요. 바울 사도는 자기를 돌로 친 곳을 다시 찾아갔습니다. 이 말씀을 읽을 때마다 '정말 가능할까, 나를 때리던 그 자리로 돌아갈 수 있을까' 묻습니다. 그런데 바울은 그 자리로 돌아갔습니다. 하나님을 믿고 섬기는 모든 종들을 생각해 봅니다. 교회에서 소위 섬김의 자리에 있는 성도들은 다 내려놓고 싶을 만큼 에너지가 소진되면 '나는 어디에서 회복을 가질 수 있을까?' 생각합니다.

어디일까요? 그 자리는 바로 다시 섬김의 자리로 돌아가는 것입니다. 우리가 다시 돌아가야 되는 이유는 우리의 수고가 헛되지 않기 때문입니다. 하나님이 주시는 참된 힘을 공급받으세요. 하나님은 하나님의 영광과 기쁨을 위해, 이웃들의 기쁨을 위해 그대에게 힘 주기를 원하십니다. 억울하고 슬퍼도 그 자리로 돌아가서 꾸준하게 섬기십시오. 주님을 다시 만나는 그날까지 최선을 다해 섬기기를 축복합니다.

음성 듣기

고린도전서 13장에서 언급된 사랑의 속성 중에서 가장 처음 등장하는 것은 "오래 참고"입니다. 하나님이 그대를 오래 참아주십니다. 하나님은 사랑이시니까요.

그대가 쉽게 헤어나지 못하는 문제가 있을 수 있습니다. 관계 문제일 수도 있고, 중독 문제나 재정 문제일 수도 있습니다. '나는 왜 벗어나지 못하고 허우적거리기만 하나? 내가 그리스도인이 맞나? 이래서야 하나님을 기쁘시게 할 수 있나?' 하는 생각에 자괴감이 들 수도 있습니다. 그런 생각이 들 때, 하나님이 말씀하십니다. "사랑하는 내 딸아, 내 아들아! 사랑은 오래 참는 거란다. 나는 사랑으로 너를 기다리고 있어. 너는 결국 이겨 낼 거야."

사랑하는 그대여! 자신이나 환경을 바라보지 말고, 그대를 사랑하시는 하나님만 바라보길 바랍니다. 하나님의 사랑 안에 분명히 답이 있습니다. 오늘 하나님이 그대에게 하나님 되심을 어떻게 나타내실지 기대하는 마음으로 주님의 음성 듣기를 축복합니다.

음성 듣기 _____

# 56 | 결심

아이들이 제일 싫어하는 말이 있다고 합니다. "너 뭐가 될래? 너 같은 애를 어디다 쓸지." 반면에 아이들이 부담감을 갖거나 책임 감을 느끼게 하는 말은 "나는 너를 믿는다!"라고 합니다.

하나님은 사실 우리를 믿어 줄 수 없는 존재로 만드셨지요. 우리들은 피조물이라서 믿을 만한 존재가 아니라 사랑해야 되는 존재입니다. 이 책을 읽는 분들 중에 자녀가 없는 분도 있겠지만 우리가 이웃을 향해서나 친구를 향해서나 우리가 할 수 있는 좋은 말들은 "너를 믿는다"입니다. 방황하는 친구에게도 "너가 돌아올 줄 믿어!"라는 말은 "도대체 왜 그러냐? 그러다가 하나님이 너 버리신다"는 말보다 "하나님께서 너를 돌아오도록 해주실 거야"라는 뜻이기에 더 좋습니다.

사랑하는 그대여! 주변을 돌아보면 이웃 중에서 방황하는 사람들이 있습니다. 그런데 제가 방황했을 때를 돌아보면 저를 믿어 준 사람들이 있었습니다. 제가 돌아올 것을 믿어 준 사람들의 그 믿음 덕분에 무사히 돌아왔다는 생각도 하게 됩니다. 오늘 그대는 누가 돌아오길 믿으며 기도해야 할까요? 주님이 음성을 들려주시겠지요?

음성 듣기

사랑하는 그대여! 성경 한 구절이 '하나님의 음성'으로 들려온 경험이 있나요? 저는 누군가 저를 모함한 것을 알게 되었을 때 경험했습니다. 운전 중이었는데 얼마나 마음이 상하든지 삼자대면까지 생각할 만큼 부아가 났습니다. 그때 고린도전서 2장 2절 말씀이 떠올랐습니다. "내가 너희 중에서 예수 그리스도와 그가 십자가에 못 박히신 것 외에는 아무것도 알지 아니하기로 작정하였음이라." 하나님 음성으로 강하게 들려 즉시 기도했습니다. "맞습니다, 주님! 저를 모함한 사람에게 제 변명이 뭐 그리 중요할까요? 이 일은 주님과 상관없이 제 자존심이나 평판과 관계 있을 뿐입니다. 이 일은 예수님이 못 박혀 십자가에서 돌아가신 것과 상관이 없습니다. 그러니 이 일을 밝히는 데 시간을 보내지 않겠습니다. 예수님 한 분과 십자가에 못박혀 돌아가신 것 외에는 아무것도 알지 않기를 작정합니다!" 기도를 마치자 주님이 제게 아주 커다란 음성을 들려주셨어요. "너가 나의 십자가 죽은 것 외에 아무것도 알지 않기로 작정하였니? 나도 네 연약함과 수치 그 어느 것도 기억하지 않기로 작정하노라!" 운전대를 잡은 채로 얼마나 울었던지요!

그대는 무엇을 작정하면서 살고 있나요? "주 예수 그리스도" 그분의 영광을 이 땅에 나타내기로 작정하면서 살아가는 그대 믿음의 행보를 축복합니다.

음성 듣기 _____

오늘도 하나님은 사랑하는 딸들과 아들들을 부르십니다. 너무나 감사하죠. 누군가 나를 다정히 불러 주면 반갑지 않나요? 그런데 나를 부르는 분이 하나님이시라면 어떨까요? 나를 쓸데없는 누구누구 같으니라고 하며 혼을 내는 목소리가 아니라 "사랑하는 내 딸아, 내 아들아" 이렇게 불러 주신다니요!

사랑하는 그대여! 오늘도 하나님이 그대를 사랑하신다는 것을 알아야 모든 것을 이겨낼 힘을 얻습니다. 로마서 8장 39절에서 사도 바울은 "하나님의 사랑에서 우리를 끊을 자가 없다"고 했습니다. 이것이 '하나님의 사랑'입니다.

그러니 환경이 힘들면 힘들수록 하나님의 사랑을 가르쳐 달라고 구하는 것이 더 바른 기도입니다. 환경을 극복하게 해 달라는 기도도 중요하지만 넉넉히 이겨낼 수 있도록 하나님이 나를 얼마만큼 사랑하시는지를 깨닫게 해 달라고 기도하는 것이 더 바른 기도입니다.

그대가 할 수 있다는 것을 믿어야 합니다. 하나님이 그대를 사랑하시는 것을 믿으십시오. 환경을 바라보지 말고 그대를 사랑하시는 하나님을 바라보길 바랍니다. 하나님 안에, 하나님의 사랑 안에 답이 있습니다. 오늘도 하나님이 그대를 사랑하신다는 그 음성을 듣는 그대를 축복합니다!

음성 듣기

# 57 | 열매 맺기

"사랑하는 나의 딸아, 나의 아들아! 어제는 힘들었지? 수고 많았다. 나의 이름을 위해 살아가는 매일매일이 힘들 수 있지만 너의 마음속에 기쁨이 있구나. 그 기쁨이 참으로 고맙구나. 기쁘게 나를 섬겨 주어서 고맙다." 이렇게 말씀하시는 주님의 음성이 그대에게 들리면 좋겠습니다.

하나님이 주시는 모든 은사는 하나님을 위한 것임을 명심해야 합니다. 자신을 위한 것이 아니므로 은사를 사용하고 나서 우쭐하거나 으쓱 하는 것은 경계하고 조심해야 합니다. 기도를 많이하는 분들은 특히 그렇습니다. 마귀는 기도 능력이 있는 사람들을 추켜세워 교만하게 만들고 하나님이 그 능력을 나중에 사용하시지 못하게 할 수도 있기 때문입니다.

하나님의 일을 하는 사람들은 첫째도, 둘째도, 셋째도 겸손해야합니다. 중보 기도 사역이든 말씀 사역이든 구제 사역이든 마음에 겸손이 있으면 참 좋겠습니다. 재물도 건강도 시간도 지혜도사역을 하는 능력도 모든 것이 하나님으로부터 말미암았음을늘 기억하고, 서로서로 상기시키면 좋겠습니다. 각자 맡은 직분에 최선을 다하고, 그때마다 주시는 기쁨을 누리면서 오늘 하루도 멋지게 시작하기를 축복합니다.

음성 듣기

아프리카 선교지에 처음 갔을 때 물이 안 나오고 전기가 안 들어와서 무척 고생했습니다. 생전 처음 겪는 어려움에 고생이 이만저만 아니었습니다. 감사하려야 할 수 없는 상황이라 "주님, 이럴 때는 어떻게 감사해야 하나요?" 하고 물어야 할 정도였습니다. 그런데 하루는 이런 생각이 들더군요.

'오늘은 물도 전기도 다 안 되지만, 어떤 날은 물이 나오고, 또 어떤 날은 전기가 들어오기도 했잖아. 그때를 추억하며 감사하자.' 어떻게 해서든 감사거리를 찾아 감사 기도를 늘려 갔습니다. 솔직히 말하자면, 일종의 생존 기술이었던 셈입니다. 우울증에 빠질 것 같으니 살기 위해 감사할 수밖에 없었습니다.

사랑하는 그대여! 감사는 모진 세상을 이겨 내어 열매 맺는 하나님의 지혜요 그대의 생존 기술입니다. 어제보다 감사 기도 제목을 한두 가지 더 만들어 보는 것은 어떨까요? 주님이 감사 제목을 더하게 할 지혜를 주실 것입니다.

음성 듣기 _____

세례 요한은 요단강에서 사람들에게 세례를 베풀기 전에 "회개에 합당한 열매"를 맺으라고 설교했습니다(마 3:8). 여기서 '열매'란 자기 자신을 위한 것일까요? 아닙니다. 남을 위한 것입니다. 나무가 열매를 맺으면, 사람들이 와서 먹지 않습니까? 즉 내 삶속 회개에 합당한 열매는 "내 이웃에게 어떠한 사랑을 흘려 보내는가? 또한 그들에게 하나님의 말씀을 어떻게 증거하는가?"에 관한 것이라고 생각합니다.

사랑하는 그대여!
그대가 맺은 열매는 무엇인가요? 많은 열매를 맺으려면 어떻게 해야 할까요? 주님의 음성이 그대 마음에 들려올 것입니다.

음성 듣기

# 58 | 하늘 문

하나님이 우리를 하나님께로 돌아오게 만드시는 방법 중 하나가 불만족입니다. 어떤 일을 아무리 해도 도대체 되지를 않고 만족함이 없을 때는 하나님이 내게 무엇을 깨닫게 하시려는 것은 아닌지 돌아봐야 합니다. 주님은 그대가 불만족으로 인해 각성하고, 주님에게로 돌아오기를 기대하십니다.

사랑하는 그대여! 삶에 만족함이 없을 때일수록 주님을 더욱 찾으십시오. 주님이 "나는 네 하나님이니 네가 필요로 하는 모든 것을 내가 공급해 주마. 네 삶의 주인은 나이니 너는 내게로 돌아오라"라고 말씀하십니다. "사랑하는 내 딸아! 사랑하는 내 아들아! 너는 내게로 돌아오라. 내게로 돌아오라." 오늘 그대는 주님의 음성을 어떻게 듣고 있나요?

음성 듣기

사랑하는 그대여! 힘이 드십니까? 힘이 드는 수위가 정말 높습니까? 살면서 이렇게까지 힘든 적이 없었다고 할 정도로 어려운 일을 겪고 있습니까? 그런데 고린도후서 1장 9절의 바울 사도라면 사형 선고를 받은 것처럼 암담한 상황이라 할지라도 "내가 나를 믿지 않고 나를 의지하지 않고 하나님만 의지하게 되는 것을 배웠다"라고 말씀하셨겠지요?

사랑하는 그대여! 아무도 그대를 도와줄 수 없다고 생각될 때 여기를 돌아보고 저기를 돌아봐도, 앞을 보고 뒤를 보아도 나를 도와줄 이는 아무도 없는 '사면초가' 신세라는 생각이 들 때가 있나요? 바로 그때가 하나님이 그대를 도와주실 때임을 믿기 바랍니다.

사면초가, 즉 모든 것이 다 막힐 때는 "하늘 문이 열린다"고 합니다. 하나님은 그대를 잊지 않으셨습니다. 꼭 기억하시고 그대를 도와주실 것입니다. 그대에게 믿음이 필요합니다. 그대를 살리실 수 있는 분은 하나님 한 분뿐임을 고백하면서, 오늘도 힘차게 나아가는 그대 되기를 축복합니다.

음성 듣기 _____

신앙생활을 할수록 감사는 능력임을 더더욱 깨닫습니다. 일반적으로 우리는 긍정적인 생각이 필요합니다. 우리의 마음은 항상 영적 전쟁터이기 때문입니다. 영적 전쟁에서 적들이 나의 마음을 공격하지 않게 하려면 '절대 긍정'이 필요합니다. '절대 긍정'을 성경적으로는 '절대 믿음'이라고 하면 어떨지요.

그러나 그 틈을 뚫고 마음에 시기, 질투, 미움 같은 나쁜 생각들이 들어온다면 다시 밖으로 밀어내 없애야 합니다. '감사'가 정말 중요합니다. 어떤 상황이라도 이때 원망하거나 짜증내거나 분노하지 않고 오직 감사로 나아가야 합니다. 사실 왜 감사한지는 몰라도 될 것 같습니다. 감사의 고백이 우선순위입니다. 그러니까 감사, 그러면서 감사, 그럴수록 감사, 그럼에도 감사해야 합니다. 최고 수위의 감사는 '그것까지 감사'입니다. 감사하면 승리는 내 것이라고 믿어도 됩니다. 이것이 '영적 공식'입니다.

사랑하는 그대여! 원망하거나 억울한 일이 있습니까? 짜증나는 일이 있습니까? 우리, 감사로 밀어내기로 하지요. 감사하면서 하루를 승리하는 그대가 되기를 축복합니다.

음성 듣기

# 59 | 옳은 행실

일주일 동안 그대는 마음 평강한 날이 며칠인가요? 5일? 6일? 7일? 아니면 하루 혹은 0인가요? 하루도 평강하거나 즐거운 날이 없나요? 매일 슬프고, 우울하고, 힘들고, 낙망하나요? 그대의 대답은 무엇인가요?

환경은 우리들의 마음을 좌지우지할 때가 많습니다. 돈이 생기면, 그것도 많이 생기면 기분이 좋아지고, 돈이 없거나 쓸 일은 많고 수입이 적을 때는 마음이 가라앉지요.

부활은 죽은 자가 다시 살아나는 것입니다. 예수님을 믿는 우리는 '부활 신앙'이 필수입니다. 주님은 우리에게 "네가 부활을 믿는다면 지금 있는 그 자리에서 흔들리지 말아라! 견고하라!"고 말씀하십니다. 부활을 믿는다면 마음을 견고하게 해야 합니다. "흔들리지 말고"(고전 15:58)는 영어 성경(NIV)에서 "Let nothing move you"입니다. "그 어떤 것도 너를 흔들리게 허락하지 말라"는 뜻입니다. 즉 내가 상황을 주장할 수 있고, 그 무엇도 너를 흔들지 못하게 하라는 뜻입니다.

사랑하는 그대여! 낙담과 실망감, 좌절감, 우울감을 허락하지 않기 바랍니다. 나로 하여금 '흔들리게 만드는 것'들이 무엇인가 주님께 기도해 보겠어요? 주님이 들려주시는 음성대로 작정하게 될 그대를 축복합니다.

음성 듣기

성경은 "그에게 빛나고 깨끗한 세마포 옷을 입도록 허락하셨으니 이 세마포 옷은 성도들의 옳은 행실이로다"(계 19:8)라고 말합니다. 행실에 관한 말은 사람들이 그에 관해 어떻게 말하는가 하는 평판으로 이어집니다.

사랑하는 그대여!
그대에 관한 주변 사람들의 평가는 어떻습니까? 깨끗한 옷을 입으면, 당당해질 수밖에 없듯이 "깨끗한 세마포", 곧 "옳은 행실"로 살아온 사람은 누구를 만나도 떳떳하고 담대할 수 있습니다. 그만큼 그대의 옳은 행실은 매우 중요합니다. 하나님의 도우심으로 깨끗한 세마포 옷을 입고 하나님의 자녀로서 겸손 DNA로 섬기는 그대가 되기를 축복합니다.

그대는 어떤 사람일까요? 사람들이 알아주어야 할 사람일까요? 그렇지 않은 사람일까요? 우리가 '알아주어야' 하는 사람들은 다른 사람들의 심령을 시원하게 하는 사람들이라고 합니다. 사랑하는 그대가 교회나 공동체에 나타나면 사람들이 반가워서 "어머 집사님(권사님)!" 하고 불리나요? 아니면 "어휴! 집사님 왔다…또 혼나겠다" "어떡해, 권사님 오셨다, 어서 가자" 하면서 사라지나요?

부모가 되면 자녀들이 콩 한 쪽도 사이좋게 나눠 먹는 것을 보면 좋습니다. 마찬가지로 하나님도 우리가 서로 격려하고 상쾌하게 하고, 간식도 갖다 주고 기쁘고 시원케 하면 기쁘시다는 것이죠. 오늘 하나님을 기쁘시게 하기 위해 형제를 돌아보고, 형제에게 간식처럼 그들을 시원하게 하는 그러한 '삶의 적용'이 무엇이 있었나 돌아보면 어떨까요. 중국 속담에 "꽃을 건네주는 사람의 손에는 꽃의 향기가 남아 있다"고 합니다.

사랑하는 그대여! 다른 사람들을 상쾌하게 하면서 우리들의 마음도 시원해지고 기쁜 경험을 하게 하신 하나님께 감사드리는 밤이 되기를 축복합니다.

음성 듣기

# 60 | 완주

성경은 "아무에게도 악을 악으로 갚지 말고 모든 사람 앞에서 선한 일을 도모하라"(롬 12:17)라고 말합니다. 쉽지 않은 일이죠. 그러나 마음속에 하나님의 사랑이 충만하게 되면 그 사랑이 사람의 욕심을 덮어씌웁니다.

'나 같은 죄인이 이렇게 큰 사랑을 받았는데, 다른 사람을 요만큼도 사랑하지 못할까!' '이렇게나 많이 용서받았는데, 요만큼도 용서하지 못할까!' '이토록 이해받았는데, 요만큼도 이해하지 못할까!' 이처럼 하나님으로부터 받은 사랑, 지혜, 능력, 힘이 있어야 악을 선으로 갚으며 세상을 살아갈 수 있습니다.

사랑하는 그대여! 사랑이 이기게 되어 있습니다. 하나님이 주시는 사랑으로 날마다 악한 세상을 이겨 나가길 축복합니다.

음성 듣기

인생에서 가장 잘한 일은 하나님을 믿은 일입니다. 예수 그리스 도께서 나를 위해 십자가에 못 박혀 돌아가셨고 부활하셨다는 사실을 믿는 것만큼 복된 일이 없다는 뜻입니다.

믿는 사람들에게는 본향이 따로 있습니다. 하늘 본향에 올라가 는 그날까지 이 땅에서 우리는 '나그네의 삶'을 살아야 합니다. 나그네는 나그네답게 살아야 행복합니다. 나그네가 너무 많은 것을 소유하면, 오히려 벅차고 힘들 수 있습니다. 우리 삶의 목 표는 하나님을 기쁘시게 하는 것임을 기억하십시오.

사랑하는 그대여! 필요한 것을 잘 챙기고, 필요하지 않은 것에 는 연연하지 않기를 바랍니다. 그대를 통하여 하나님의 선하심 이 전해지고, 그대가 복음의 통로요 이 땅의 나그네로서 참된 삶 을 살길 축복합니다.

사랑하는 그대여! 그대는 성경 말씀 중 어떤 구절을 가장 좋아하나요? 너무 많지요? 저는 제가 마지막 죽는 순간까지 꼭 기억하고 싶은 말씀이 있어서 그 말씀을 화장대 바로 옆에 붙여 두었답니다.

히브리서 13장 7절 말씀입니다. "하나님의 말씀을 너희에게 일러 주고 너희를 인도하던 자들을 생각하며 그들의 행실의 결말을 주의하여 보고 그들의 믿음을 본받으라." 여기서 제가 집중하여 읽는 단어는 "행실의 결말을 주의하여 보고"입니다. 제 믿음의 여정을 어떻게 시작했는지 그 처음도 중요하고 매일같이 이어지는 믿음의 행보도 중요하지만, 제 결말에 대한 하나님의 기준이 무엇일지 생각하게 해 주는 말씀 같습니다. 결국 하나님이 보시는 것은 "내 행실의 결말"이라는 생각이 들어서 이 말씀을 심비에 새겼고, 언젠가 이말씀과 함께 믿음의 여정을 마치고 싶습니다.

그대는 어떻게 믿음의 여정을 맺음하고 싶은지요? 마지막까지 꼭 붙들어야 할 말씀을 오늘 주님께 여쭤보세요. 이제 하나님의 음성 듣기가 매일의 습관이 된 그대, 믿음의 경주를 끝까지 완주할 그대를 축복합니다.

음성 듣기

저는 하나님의 음성을 듣는 훈련을 아주 오래 전부터 해 왔습니다. 거의 40여년 된 것 같습니다. 그런데 '하나님의 음성'이라고 확신한 경우는 80% 정도 되지 않을까 합니다.

처음 하나님의 음성을 듣겠다고 귀를 기울였을 그때는 때로는 하나님이 다른 사람에게 전달하라고 들려주신 음성까지 내게 주신 줄 알고 그대로 순종한 적도 있었습니다. 그런데 주님 음성이라고 믿고 전달했는데도 그 사람과 별 관계가 없는 상황이 되었을 때는 얼마나 민망했는지요. 그래서 그다음부터는 따로 '주님의 음성'을 듣는 시간을 갖지 않기로 했습니다. 그냥 성경 읽고 묵상하고 '삶의 적용'을 만들면서 신앙생활해야겠다고 작정한 적이 있습니다.

그러다 어느 수양회를 가게 되었습니다. 누군가 뒷자리에서 제 이름을 불렀는데 정확히 못 들어 "나를 불렀나요?" 하고 물어보았습니다. 그 순간 성령님이 제게 이렇게 말씀하셨습니다.

"너는 사람과 사람 사이에서 이름을 부를 때 잘 못 들었다고 생각에 '내 이름을 불렀나요?' 하고 물어 보지 않았니? 그런데 하나님이 너를 부를 때는 왜 항상 잘 알아들어야 한다고 생각하니? 네가 잘못 들을 수 있지 않니? 그때는 사람의 말을 잘못 들었을 때처럼 나에게 '주님! 무어라고 말씀하셨나요? 제가 잘 못 들었는데 다시 한번 말씀해 주세요'라고 말해야 당연하지 않니? 너는 네가 무어라고 내가 하는 모든 말을 100% 정확하게 잘 알아들어야 한다고 생각하니? 나는 창조주 하나님이고 너는 피조물인 인간이란다! 내가 하는 모든 말을 네가 다 이해할 수 있다고 생각한다면 그건 교만이야!"

그때 많이 회개했습니다. 내가 뭐라고 하나님이 하는 모든 말씀을 정확하게 다 이해한단 말인가 회개했습니다. 그 이후로 저는 하나님 음성을 다시 듣겠다며 내주하시는 성령님이 제 마음의 생각을 통해 말씀하시는 시간을 더 사모하게 되었고, 때로 하나님 말씀을 잘 못 들을 때마다 자책감에 빠지는 일은 없어졌다고 하겠습니다.

사랑하는 그대여! 하나님의 말씀을 잘 못 들을 때도 있다는 것을 인정하면 좋겠습니다. 모든 일에 열매를 보면 알게 되듯이 하나님의 음성으로 믿고 들은 말씀을 제대로 분별하는 것이 중요합니다. 그대가 들었다고 생각하는 하나님의 음성으로 그대는 이전보다 주님을 더 사랑하게 되었나요? 더 신뢰하게 되었나요? 그리고 이웃을 더 사랑하고, 더 세워 주는 사람이 되었나요? 그렇다면 그대는 하나님의 음성을 잘 알아들었다고 생각해도 좋을 것입니다.

사랑하는 그대여! 하나님은 그대와 이야기 나누는 것을 참 좋아하십니다. 매일같이 주님과 주거니 받거니 두런두런 이야기하면서 믿음의 진보와 성숙을 이룰 그대를 마음 다해 축복합니다. 오늘도 주님과 많은 밀어를 나눌 그대를 축복합니다.

축복합니다